# SOUVENIRS

## DE

# L'ALGÉRIE.

TYPOGRAPHIE DE J. BROQUISSE,
PLACE DU MUSÉE, 2.

# SOUVENIRS
## DE
# L'ALGÉRIE

### OU RELATION

### D'UN VOYAGE EN AFRIQUE,

PENDANT LES MOIS DE SEPTEMBRE ET D'OCTOBRE 1838.

PAR J.-A. BOLLE, AVOCAT A ANGOULÊME.

........ *Forsan et hæc olim meminisse juvabit.*
(VIRGILE.)
Un jour ces souvenirs auront pour moi des charmes.
(DELILLE.)
C'est icy un Livre de bonne foy.
(MONTAIGNE.)

## ANGOULÊME,
IMPRIMERIE ET LITHOGRAPHIE DE J. BROQUISSE.

—

1839

## DEUX MOTS AVANT DE COMMENCER.

J'ai fait un joli voyage : j'ai vu des choses nouvelles, bizarres, curieuses ; je les ai mises en écrit pour m'en souvenir ; des amis ont désiré les connaître, je les ai fait imprimer. Maintenant, ceux que cet ouvrage intéressera m'en sauront gré ; les autres n'auront qu'à fermer le livre, et tout sera dit.

J. A. B.

# PREMIÈRE PARTIE.

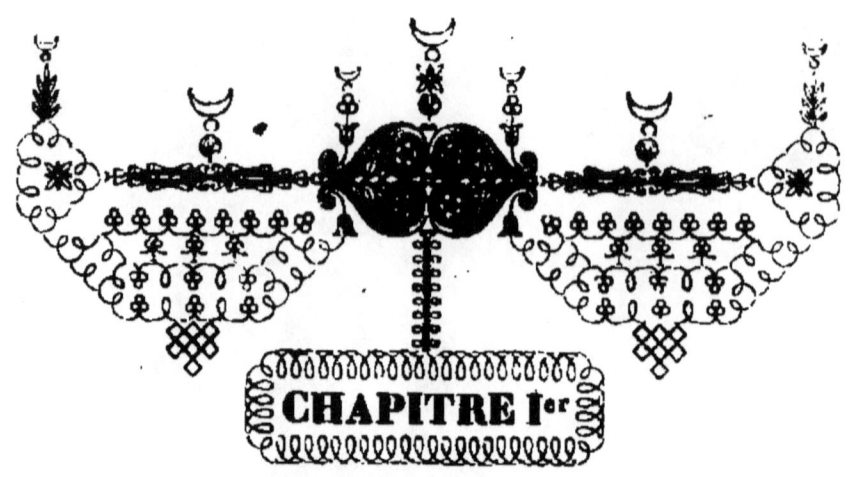

# CHAPITRE I<sup>er</sup>

**VOYAGE DE TOULON A ALGER.**

§ I<sup>er</sup>

Le 16 septembre 1838, sur les dix heures du matin, un canot armé par dix forçats à la rouge livrée, sortait du port de Toulon, cinglant vers le fond de la rade, dans la direction du lazaret. A quelques encablures du rivage on apercevait un gros bateau à vapeur, portant au haut de son mât de misaine un pavillon jaune, signe indicateur de la quarantaine ; de son long tuyau s'échappait, à gros flocons, un nuage épais de noire fumée, qui annonçait son prochain départ; de petites embarcations se pressaient à l'envi à ses côtés, comme font les flatteurs près des princes : c'était le *Fulton*, beau bateau à vapeur de la force de cent soixante chevaux, qui partait pour l'Algérie.

Il faisait un temps magnifique, et tout présageait la plus heureuse traversée. Aussi les passagers paraissaient-ils gais et joyeux : quelques-uns cependant gardaient au fond de l'âme de douloureux regrets; mais le spectacle magnifique de la rade et du port de Toulon captivait toute leur attention, et ce désir vague et absorbant qu'ont les hommes de connaître et d'apprendre, les empêchait de songer à autre chose, qu'au pays nouveau qu'ils allaient bientôt découvrir.

La confusion était extrême sur le pont du bateau; chacun cherchait à se caser et à s'arrimer de son mieux, car les passagers étaient en grand nombre, et il n'y avait pas assez de couchettes pour en donner à chacun, si bien qu'une douzaine de dames furent obligées de s'établir sur le pont; j'eus les honneurs d'un cadre dont je ne profitai qu'une nuit. Notre cabine avait six pieds en tous sens ; on avait placé de chaque côté deux couchettes, installées l'une sur l'autre, et nous étions six pour occuper ce vaste appartement, deux dames, deux officiers, un enfant de dix ans et moi, *honni soit qui mal y pense*, il y faisait une chaleur étouffante, car ces espèces d'armoires sont très-près de la chaudière; il y régnait une odeur insupportable, occasionnée par la combustion du charbon de terre; et si on joint à cela une grande délicatesse de peau, qui m'empêche de socier avec certains insectes qui abondent dans le midi de la France, et surtout en Algérie, on comprendra facilement pourquoi j'abandonnai la place à mes compagnons de chambrée, pour aller coucher sur le pont, enveloppé dans mon manteau; je fus, au reste, bien dédommagé par l'aspect magnifique d'une nuit d'été, au milieu de la mer, spectacle imposant et tout nouveau pour moi. Un des phénomènes qui fixa mon attention, fut la phosphorescence de la mer qui paraît lumineuse, partout où elle est agitée : or, tout le monde connaît la force avec laquelle les palettes des roues de machines à vapeur bouleversent l'eau qui se trouve soumise à leur action; on eut dit que deux torrents de feu s'échappaient des flancs du navire, et que le *Fulton* lançait au loin dans la mer, des globules enflammés semblables à des boulets rouges.

Le lendemain matin nous passâmes devant l'île de Minorque, l'une des Baléares, qui est à moitié chemin d'Alger.

Comme je n'ai pas l'intention de me jeter dans des

descriptions maritimes, je dirai simplement que nous eûmes une traversée magnifique, ce qui n'empêcha pas toutes les dames et une partie des hommes d'avoir le mal de mer ; bref, le mardi suivant, à cinq heures du matin, nous étions en vue d'Alger.

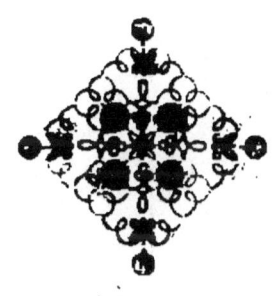

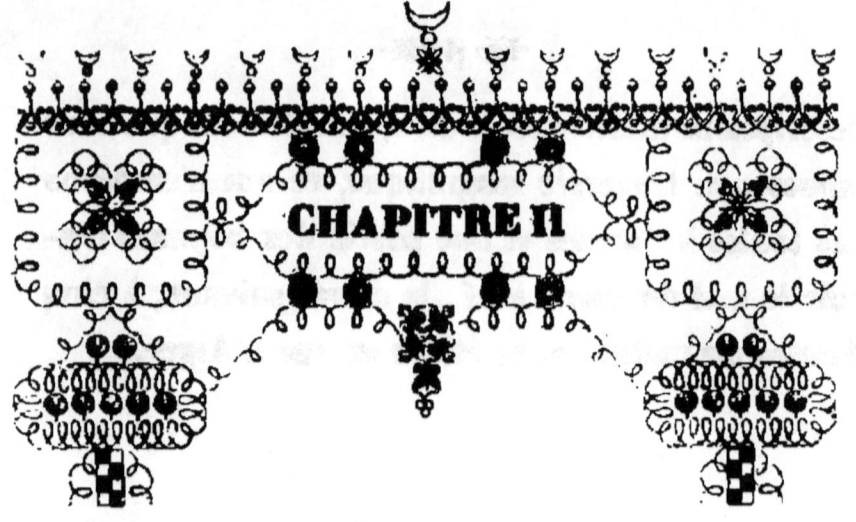

## COUP D'OEIL SUR ALGER.

### § I<sup>er</sup>

Dès avant l'aurore, les montagnes de l'Atlas qui ressemblent, dans le lointain, à d'épais nuages, et par-dessus tout, la lueur du phare à l'entrée du port, nous annoncèrent l'approche de la capitale de l'Algérie, et le 18 septembre, au lever du jour, nous découvrîmes Alger. A gauche, nous avions le cap Matifou, à droite, le cap Cakine, et en face, dans l'enfoncement, une immense carrière de pierres blanches, dont les énormes blocs sont superposés les uns aux autres. Tel est l'aspect que présente Alger. Les maisons sont blanches, couvertes par des terrasses de la même couleur, sur lesquelles on se promène. Il n'y a pas une tuile ni une ardoise dans toute la ville d'Alger ; elle est bâtie sur le penchant d'une montagne; sa forme est celle d'un triangle dont le plus grand côté, lui servant de base, s'appuie sur le rivage, et le sommet à la Casba.

La ville est placée comme au milieu d'un immense jardin ; car, de chaque côté, on aperçoit des massifs d'une verdure toutefois un peu sombre, et au milieu desquels brillent et se détachent, d'une manière très-apparente, de petites maisons blanches, qui font un fort bon effet dans la perspective. Bref, le coup d'œil offre quelque chose de frais et de riant, qui n'a rien d'âpre ni de sauvage, de sorte que la première impression est toujours favorable, en arrivant à Alger.

A peine le bateau à vapeur a-t-il jeté ses ancres, que le pont est inondé d'un déluge de bédouins, demi-nus, au teint basané, au langage barbare, qui ont l'air de véritables démons; ils se ruent, avec avidité, sur les ballots et les caisses des passagers ; ce sont messieurs de la corporation des portefaix de la localité, car il y a des corporations à Alger. Ces braves gens n'entendent pas un mot de français, et le seul langage qu'ils comprennent est celui du bâton, qu'on est obligé de leur parler souvent, en ayant soin d'*accentuer* avec force. Ils se jettent quinze ou vingt sur deux ou trois caisses, et pour leur faire lâcher prise, il n'y a d'autre procédé que de frapper et fort, non pas sur le dos, ce qui équivaudrait à un coup de bonnet sur la croupe d'un âne, mais sur les jambes et les pieds qui sont toujours nus. Si par hasard vous n'aviez pas de canne, meuble essentiel dans la régence, le Biscris qui doit porter vos effets, y supplée facilement en vous remettant le long tuyau de sa pipe, fait avec un bâton de cerisier, qu'il vous invite à appliquer vigoureusement sur le tibia du confrère qui l'empêche d'avancer.

A cette première incommodité succède la police, dont on se débarrasse à l'aide du passeport ou de l'ordre d'embarquement; et enfin la douane, qui inquisitionne au fond de vos malles; cependant je dois dire, pour être juste, que je trouvai l'ordre public et le fisc de la meilleure composition du monde, en arrivant à Alger; il est vrai que, quoique homme éminemment *civil*, je jouissais du titre de passager militaire, et l'on est plein d'égards pour ces messieurs en Afrique. C'est un maréchal de France qui commande en chef dans la régence, et il fait bon porter la moustache dans ce pays-là.

## § II.

En quittant la douane, cette piscine administrative, où tout arrivant va se purifier des péchés de fraude ou de contrebande qu'il a pu commettre, on gravit un escalier assez rude de 30 ou 40 marches, et l'on arrive à la porte de la marine, qui donne entrée dans Alger. Avant la conquête, l'entablement de cette porte était orné d'une fresque grossière représentant deux lions enchaînés. Cette peinture sauvage donnait une idée des arts de ces peuples barbares; c'était un souvenir du vieil Alger, qui s'en va, tous les jours, s'effaçant davantage, une page historique à conserver : il y a déjà long-temps qu'elle n'existe plus. Un maire d'Alger, que je regrette de ne pouvoir nommer, a trouvé plus convenable de badigeonner, en blanc, le dessus de cette porte, de sorte qu'elle ressemble parfaitement à celle d'une grange ou d'une remise. Ce fut le premier acte de vandalisme que j'eus à constater en arrivant à Alger.

Après avoir franchi la porte, on entre dans la rue de la Marine, voie large et spacieuse, bordée de chaque côté de maisons à la française, ayant au rez-de-chaussée, de beaux magasins défendus contre le soleil par un péristyle servant de trottoir, dans le genre de celui de la rue de Rivoli. Cette rue n'a rien d'arabe; et si ce n'était du costume des gens qui la parcourent, et d'une mosquée toute neuve bâtie par les français pour remplacer celle qu'ils ont détruite en construisant la place, on croirait parcourir une rue de Marseille ou de Bordeaux; elle débouche sur la place du Gouvernement, la seule qui existe à Alger. On y a planté quelques allées de mûriers.

Cette place sert à tout : on y tient le marché le matin, on y expose les criminels, on y vend des chevaux à l'encan, et le soir le beau monde s'y promène pour entendre la musique des régiments. C'est le point central, le plus animé, le lieu où l'on se rencontre et où l'on se donne rendez-vous.

De chaque côté de la place on a bâti de très-belles maisons où se trouvent des cafés et des restaurants. La plus remarquable de toutes est celle de M. de Latour-Dupin, qui occupe tout le côté à droite en arrivant. On raconte que, sur le rapport favorable de ses émissaires, Abd-el-Kader se propose d'en faire son palais, quand il aura chassé les Français de l'Algérie. En face est un café moins beau, mais dont la vue est magnifique; car de la terrasse et de l'intérieur des salons, on découvre toute l'étendue du port et de la rade.

On terminait sous la place même, pendant mon séjour à Alger, un travail vraiment monumental :

ce sont deux rangs de magasins voûtés, construits l'un sur l'autre. Le plus profond servira d'entrepôt pour les vins, et l'autre de magasin pour toutes les autres marchandises. Les voûtes supérieures seront couvertes de terre, et on se propose de planter des allées de mûriers par-dessus.

La place est constamment traversée par une foule de militaires, de mores, de bédouins et de juifs. On y voit beaucoup de négresses vendant des figues de Barbarie et de petites galettes bien dorées et piquées de points noirs qu'on dirait des clous de girofle. Je n'ai point été tenté de goûter de ce mets.

Les décroteurs y abondent ; les petits mores et les petits juifs en font l'office, et vont courir en ville. Ce sont des roués, qui ont ajouté à leurs vices tous ceux des français. Ils jouent, ils boivent le vin et l'eau-de-vie comme des cent-suisses ; ils se chargent de nouer toutes les intrigues ; en un mot, on peut dire que le *gamin* de Paris n'en apprendrait pas au *gamin* d'Alger.

Un de ces enfants se laissa tomber un jour à mes pieds pendant que l'on cirait mes bottes, et après avoir soulevé sa tête lentement et avec effort, il me dit d'un air sombre : « j'ai faim, monsieur ; il y a deux jours que je n'ai pas mangé. » Un autre de ses camarades mordait, pendant ce temps-là, dans un morceau de pain de munition tout auprès de lui ; j'examinai mon drôle du coin de l'œil, et je compris de suite qu'il jouait la comédie. Tu as faim, lui dis-je. — Oui, répondit-il d'un ton plus lamentable encore, croyant que je donnais dans le panneau. — Eh ! bien, viens avec moi chez un boulanger, je te paierai tout le pain que tu pourras manger. A cette charitable proposition, le vaurien me regarda d'un air fin, et levant le siége, il s'enfuit aussitôt en souriant.

Ces petits pendards sont d'une adresse insigne à voler. Un bijoutier français était venu à Alger pour vendre des joyaux, et comme il parcourait les bonnes maisons de la ville, il faisait marcher devant lui, en ayant soin de le suivre de l'œil, un petit juif qui portait sa malle. Le soir venu, il retourne à son hôtel, paie le commissionnaire à la porte, et se dirige, en portant lui-même sa cassette, vers son appartement. Mon homme avait été prévenu de se défier ; aussi, arrivé sur le palier, il dépose sa caisse entre ses jambes, et se met en devoir d'ouvrir la porte. Quand la clef a tourné dans la serrure, il se baisse pour ramasser son précieux fardeau, mais tout avait disparu, et les recherches les plus actives furent sans résultat ; car le petit juif, arrêté le lendemain, ne voulut jamais rien dire, et on l'eût mis à la question qu'il n'eût point avoué. Mais revenons sur la place du Gouvernement.

A droite et à gauche se trouvent deux rues, semblables à celle de la Marine : ce sont les rues Bab-el-Oued et Bab-Azoun, qui conduisent chacune à une porte du même nom. Ces trois rues composent la ville française; les autres ne leur ressemblent pas le moins du monde, et sont tout-à-fait arabes.

En débouchant sur la place par la rue de la Marine, qui vient du port, on trouve en face de soi le palais de la Jénina, ancienne résidence du dey, et derrière, la ville moresque. Ce palais, que l'on conserve comme souvenir historique, n'offre rien de remarquable sous le rapport de l'architecture : c'est une immense muraille sans fenêtres, n'ayant que des trous grillés de barreaux de fer, comme une prison.

## § III.

On parvient dans la ville en traversant deux passages voûtés qui règnent sous le palais : l'un conduit à l'évêché et à la maison du gouverneur; l'autre, à l'église française (style d'Alger, pour la distinguer des mosquées et des synagogues). A peine a-t-on franchi les passages, que le coup d'œil change subitement. Les rues ne sont plus larges et droites, mais bien tortueuses et étroites;

Rue Bab-el-Oued à Alger.

au point de n'avoir souvent pas plus de six pieds de largeur. Celle qui de la petite place du Divan, conduit au palais du gouverneur, n'a pas, à l'entrée, plus de quatre pieds d'une maison à l'autre.

Les maisons sont construites de manière que le premier étage avance sur le rez-de-chaussée, le second sur le premier; de sorte que les deux voisines se touchent bientôt, et que le jour est complètement intercepté, souvent dès le premier étage. La saillie est soutenue par des bâtons fichés dans le mur inférieur, en forme d'arcs-boutants, le tout blanchi à la chaux. Cette adhérence des maisons n'offre aucun inconvénient pour les fenêtres, par la raison toute simple que les façades n'ont que de petits trous grillés. On ne voit que des portes ouvertes de distance en distance, si bien que, dans les rues non marchandes et privées de boutiques, l'aspect est on ne peut plus triste. Il est bon d'observer que cette disposition des rues est fort utile contre la chaleur; car il y fait toujours frais, et on est fort surpris de les parcourir en plein jour sans avoir chaud, tandis qu'on brûle sur la place et dans nos larges rues à la française; elles sont, en outre, mal pavées, presque toutes fort rapides et coupées souvent par des passages très-longs et si noirs, qu'on n'y voit pas en plein midi. Il serait impossible d'y faire passer des voitures; c'est tout au plus si les ouvriers peuvent y rouler leurs brouettes. Les porte-faix y transportent les fardeaux à l'aide d'une grande barre de bois placée sur l'épaule, et qui soutient le colis en l'air, au moyen d'une corde.

La première fois qu'on parcourt les rues, on se croit dans un vrai coupe-gorge : on craint toujours de voir un assassin sortir de derrière ces portes ouvertes, et cependant il n'y a pas d'exemple de guet apens de la part des mores, qui sont de mœurs très-douces, ainsi que les juifs, qui volent, mais sans tuer ; souvent ces murs, de chétive apparence, cachent des maisons magnifiques et quelquefois des palais. On trouvera plus tard dans cet ouvrage la description d'une de ces résidences princières, que j'ai visitée pendant mon séjour à Alger [1].

Autant les rues non commerçantes sont silencieuses et désertes, autant les autres sont bruyantes et populeuses. Les boutiques s'y touchent toutes [2] ;

---

[1] En parcourant les rues d'Alger, on aperçoit souvent l'empreinte d'une main d'homme ouverte, dessinée sur la muraille, en noir ou en rouge, et on a cru long-temps que ce signe indiquait qu'il y avait dans la famille quelque jeune fille à marier ; mais c'était une erreur : cette main est la représentation du nombre *cinq* qui est sacré chez les mahométans, et qu'ils appliquent sur leurs maisons pour se préserver de malheurs, comme en France on place des croix ou des madones.

[2] Il y a tant de monde dans ces rues, que, pour pouvoir circuler, il faut constamment crier *aguarda, baleck*,

elles sont tenues par des mores et des juifs indifféremment, excepté du côté de la place Juba, quartier plus spécialement habité par les juifs que le reste de la ville. Ces boutiques ressemblent assez à de grandes armoires ouvertes, qu'on aurait logées dans le mur, à quatre pieds de haut. Il y a la place tout juste de la marchandise et du marchand, qui s'y tient assis les jambes croisées, fumant sa pipe, et qui a l'air de vous regarder comme de sa fenêtre; jamais l'acheteur n'y entre, il fait ses emplètes de la rue étant. Ces boutiques sont de toutes sortes, mais les plus remarquables sont celles des mores, qui vendent des essences, des babouches brodées, des pipes aux bouts d'ambre, du tabac, des poudres épilatoires, d'autres pour se teindre les mains et les cheveux, et des flacons à l'usage des moresques [1].

Toutes ces brillantes inutilités sont fort jolies à voir. Malheur à l'étranger, si, à son arrivée, il ne sait à qui s'adresser et tombe dans les pattes d'un juif, car il lui surfera les objets dix fois leur valeur. C'est tout différent chez les mores : si vous

ce qui, en espagnol et en arabe, veut dire prenez garde. On n'entend que ces mots dans toutes les bouches.

[1] Le vendredi, jour férié pour les mores, et le samedi pour les juifs, ces boutiques sont religieusement fermées par de gros cadenas, et l'aspect des rues qu'elles occupent est fort lugubre.

marchandez sur leur prix, ils vous font comprendre qu'ils ne peuvent rien rabattre; insistez-vous, pour toute réponse ils replacent l'objet sur l'étagère, et tout est dit; c'est une justice que je me plais à leur rendre. Ils sont, au reste, très-honnetes et très-complaisants. Ils vendent tout horriblement cher, et l'on a bientôt vidé sa bourse, en achetant leurs bagatelles dorées. J'ai vu demander 12 francs d'un flacon d'essence de jasmin de Tunis, qui en contenait tout au plus une petite cuiller à café.

A côté de ces boutiques se trouvent les cafés mores, qui ne sont autre chose que des échoppes de barbiers. Sur le même fourneau on fait chauffer à la fois l'eau et le café. Tout autour de l'appartement sont placées des banquettes où l'on voit des mores et des bédouins gravement assis et attendant leur tour, pour que le frater leur fasse non la barbe, car ils la portent fort longue, mais leur rase la tête, sur le sommet de laquelle il ne laisse qu'une touffe de longs cheveux. Aux murs de l'appartement on voit suspendus des miroirs de Constantinople entourés d'un cadre en marqueterie, des pipes, des rasoirs et des plats à barbe. Je n'ai remarqué d'autres jeux qu'une espèce d'échecs ou de dames. Le plaisir ordinaire des mores consiste à fumer leur pipe, à ne rien faire, et à écouter le soir les sons peu harmonieux d'une mauvaise mandoline, recouverte en cuir, dont les tristes accords se mêlent aux accents lamentables de celui qui la pince. Au reste, une soirée au café more ne coûte pas cher; car on vous donne asile pendant trois heures, une tasse de café et des pipes indéfiniment, pour la modique somme d'un sou.

Les ouvriers et les marchands prennent régulièrement leur café trois fois par jour; les tasses sont fort petites, et la liqueur très-légère, le marc est mêlé avec l'eau, dans laquelle on l'a fait bouillir; le tout assaisonné avec de la cassonade blonde, compose une espèce de pâte qu'on appelle du *café more*, qui n'est cependant pas désagréable à boire, mais dont il faut laisser la moitié au fond de la tasse [1]. Les ouvriers ne se dérangent point de leur travail, on leur apporte le café à leurs boutiques.

## § IV.

En se promenant dans les rues d'Alger, on est fort surpris de n'y rencontrer que très-peu de femmes;

---

[1] Il est curieux de lire ce qu'un ancien esclave, en Afrique, M. de Rocqueville, écrivait du café en 1675, dans une relation sur Alger : « En sortant de la mosquée, la plupart d'entr'eux vont prendre du tabac et boire du *cavé*, qui est un breuvage noir comme de l'encre, qu'ils boivent tout bouillant : il est très-méchant à ceux qui n'y sont pas accoutumés. Ils boivent cette espèce de breuvage dans de petites écuelles de porcelaine, assis sur des nattes de jonc. »

mais on apprend bientôt que les moresques ne sortent jamais de leurs maisons; quelques-unes vont au bain, ou à la mosquée qui leur est affectée; les femmes de la classe élevée restent constamment chez elles. Celles qui courent les rues appartiennent à la lie du peuple, ce qu'il est facile de voir à leurs vêtements en lambeaux. Elles font, toutefois, la plus grande attention à se voiler la figure avec une pièce de toile blanche qui les enveloppe depuis la racine du nez jusqu'au menton, et depuis le haut de la tête jusqu'aux sourcils, de sorte qu'on ne peut leur apercevoir que les yeux. On prétend que la figure passe, pour la partie la plus délicate de leur personne, et que si l'une d'elles était surprise, par un homme, dans le costume de la Vénus de Médicis, la première pensée qui lui viendrait, serait de cacher sa figure avec ses deux mains.

Le costume des moresques consiste dans un grand voile qui leur tombe dans les reins, un haïc ou pièce d'étoffe de laine tourné autour du corps, de larges pantalons blancs serrés sur le cou-de-pied par une coulisse, et des babouches de maroquin de couleur, sans bas. Les bras sont nus depuis l'épaule, et elles portent des bracelets aux poignets [1].

[1] On voit par la note suivante du même auteur que leurs usages ont peu changé dans l'espace de près de deux siècles.

Toute la distraction des dames moresques consiste à se promener sur leurs terrasses ; encore n'y paraissent-elles que le soir toujours voilées, et lorsque les hommes ne peuvent plus les apercevoir. On raconte toutefois qu'elles commencent à murmurer de l'esclavage dans lequel les mores les retiennent, et que la comparaison qu'elles sont à même de faire, tous les jours, entre leur sort et celui des dames françaises qui viennent les visiter et se promènent partout sans voile et sans obstacle, excite leur juste colère. Un personnage très-important de la régence, avec qui j'en causais, me disait qu'un jour la révolution, dans les mœurs, se ferait par les terrasses. En effet, on a remarqué souvent que les moresques ne fuyaient à l'approche des français, que lorsqu'un more était témoin de l'entrevue, mais qu'en l'absence de leurs geoliers et de leurs bourreaux, elles demeuraient volontiers en notre présence, et se rapprochaient avec plaisir de nous, témoin la

---

Le vêtement des hommes est une espèce de justaucorps qu'ils appellent *cafetan*, et est ceint d'une écharpe qui fait plusieurs tours. Ils ont un turban bleu sur la tête.

Les femmes ont le même vêtement et portent un caleçon de toile blanche qui leur descend jusqu'à la cheville du pied. Elles sont chaussées tout à plat, et quand elles vont par les rues, elles se mettent un mouchoir de coton sur le nez, de sorte que l'on ne voit de leur visage que depuis les yeux en haut. Elles portent une mante blanche qui les couvre jusqu'aux pieds.

fille d'un turc fort riche, qui descendit de terrasse en terrasse jusque dans les bras d'un sémillant officier de chasseurs. Le père furieux voulait la faire périr sous le bâton; mais la justice s'y étant opposée, le vieux turc au désespoir est parti pour Stamboul, où il pourra conserver les traditions de ses pères, laissant une partie de sa fortune à sa fille, qui est actuellement en pension à Alger, d'où elle sortira élevée à la française, pour se marier avec l'officier, qui a donné sa parole d'honneur de l'épouser, lorsque son éducation serait terminée.

S'il est difficile de voir des moresques à Alger, les juives, en revanche, abondent dans les rues, et on en rencontre à chaque pas; cette ignoble population pullule de toutes parts. Il faut pourtant convenir que les femmes sont généralement jolies; il ne manque à plusieurs que de la propreté et un air moins déprimé, moins avili, pour être réellement belles. Les jours de fêtes, elles ont un costume des plus riches : ce sont des vestes et des ceintures de brocart d'or, et des jupes de soie; leurs longs cheveux tressés, avec des galons rouges, tombent dans le dos, de chaque côté d'une large bande de drap d'or qui descend de la tête jusqu'aux pieds; quelques-unes portent sur la tête un bonnet en forme de pain de sucre, en fil de fer, tressé à jour, que, dans le pays, on nomme un *sarma*; c'est exactement le bonnet de nos enchanteurs ou de nos magiciens, sauf qu'il est placé horizontalement et couvert d'un grand voile. Cette coiffure très-lourde leur enfonce le cou dans les épaules d'une manière disgracieuse ; plusieurs remplacent le *sarma* par une calotte en velours rouge, brodée d'or, qui sert de coiffure aux enfants et aux jeunes filles. Somme toute, leur mise est plus riche que gracieuse ; les juifs sont costumés dans le genre des mores, et portent tous une calotte noire sur la tête. On ne peut rien voir de plus dégoûtant que les hommes de cette nation ; les français, les turcs et les mores les détestent à l'envi, et les arabes, dans leur orgueilleuse insolence, les traitent de *chiffa-ben-chiffa*, ce qui veut dire charogne, fils de charogne [1]. Pour justifier cette dénomination insultante, ils s'appuient d'une vieille tradition empruntée, sans doute, au Talmud, où il est dit, que les femmes israélites ayant perdu leurs époux, demandèrent à Dieu comment elles auraient une postérité ; que le Seigneur leur dit alors d'aller s'asseoir à l'ombre de leurs tombeaux, et qu'elles conçurent ainsi et devinrent mères.

Les juifs forment un peuple tout-à-fait à part,

---

[1] Les arabes portent ordinairement le nom de leur père joint au leur par le mot *ben*, qui signifie fils de... Ainsi on dit, par exemple, *Omar-ben-Mohamet*, Omar fils de Mohamet.

ayant un culte, une justice, des mœurs et des usages entièrement différents de ceux des arabes. Ils s'allient toujours entr'eux, et c'est à cette pratique constante que l'on doit attribuer le type spécial qu'ils ont conservé et qui ne permet de les confondre avec aucune autre nation. Au reste, ils répudient tous le nom de juif, et vous disent avec beaucoup de sérieux qu'ils sont des israélites.

Ils ont beaucoup gagné à la conquête d'Alger; car les turcs, maîtres alors du pays, les traitaient comme un vil troupeau, et les décimaient pour le moindre caprice [1], tandis que les français leur accordent toute facilité pour le commerce, et les laissent jouir en paix de leurs trésors. Cependant il n'y a pas de difficultés qu'ils ne suscitent aux européens qui veulent trafiquer, surtout dans la province d'Oran, où leurs relations, avec leurs coreligionnaires de Mascara et de Tlemcen, leur en fournissent tous les moyens.

Dans les commencements de la conquête, les mi-

---

[1] Les turcs, avant la conquête, étaient les maîtres absolus de l'Algérie, et ils exerçaient leur tyrannie aussi bien sur les arabes que sur les mores et sur les juifs. On prétend qu'ils avaient inspiré tant de terreur aux indigènes, qu'un seul d'entr'eux pouvait parcourir la régence en pleine sécurité, demandant un cheval frais dans chaque tribu. Pour la moindre offense, ou même un refus, la tribu entière eût été exterminée. C'est ainsi, dit-on, qu'il faut mener les arabes pour en avoir raison.

litaires français les traitaient assez cavalièrement ; mais actuellement ils se ravisent, et si dans une rue on a occasion d'en bousculer un, il sait très-bien vous menacer du commissaire de police ; il est facile de voir, par ce trait, que leur éducation politique commence à s'élaborer, et qu'ils sont en *progrès*.

## § V.

En parcourant les rues d'Alger on a souvent les oreilles assourdies par un bourdonnement semblable à celui de vingt personnes criant à la fois ; ce bruit provient des écoles moresques ou juives. La curiosité m'a poussé à les visiter, et voici ce que j'ai vu : une trentaine d'enfants sont assis sur des nattes, les jambes croisées, dans un vaste appartement, où il n'y a aucun meuble ; un more ou un juif, suivant la nation, fait les fonctions de maître d'école, et l'on reconnaît facilement sa dignité, au vigoureux nerf de bœuf dont il applique des coups multipliés sur les épaules de ceux qui ne travaillent pas ; tous ces bambins qui ont d'ailleurs l'air aussi espiègle que nos écoliers de France, écrivent sur une tablette en bois, préparée à cet effet, et avec des plumes en roseau, fendues au bout comme les nôtres. Chaque élève trace quelques lignes de la Bible ou du Coran, que le maître corrige; et pour les apprendre par cœur, il ne les répète pas tout bas, en étudiant en silence; mais à un signe du maître, tous les écoliers partent à la fois, et en se balançant le corps en avant jusqu'à terre, comme de véritables poussahs, ils chantent à tue-tête leur verset sur un air monotone, et cette infernale musique dure des heures entières, c'est à n'y pas tenir. Si les chœurs viennent à se ralentir, le maître ranime leur courage en reprenant sur un ton nasillard, et en battant la mesure sur le dos des exécutants a grands coups de nerf de bœuf, et alors les vociférations recommencent comme de plus belle.

Les écoles juives se tiennent d'habitude dans les synagogues, tandis que celles des mores sont établies dans des maisons particulières.

## § VI.

Il y a trois cultes bien distincts à Alger, la religion catholique, le judaïsme et le mahométisme.

Les catholiques ne comptaient qu'une église en septembre 1838 : c'est une ancienne mosquée qui leur a été concédée par le gouverneur pour leurs cérémonies. Cette église ne ressemble pas du tout à celles de France; c'est un grand vaisseau carré;

des colonnes de marbre blanc, formant péristyle, régnent des quatre côtés, et supportent trois rangs de tribunes superposées les unes aux autres; l'église se termine en dôme, et est éclairée par des fenêtres garnies de vitraux de couleurs, grossièrement barbouillés. Sur les murailles on a peint, en or et en rouge, des versets du Coran, qui n'ont point été effacés; ils ne peuvent au reste scandaliser personne, car ils sont tracés en arabe. L'autel en marbre est assez beau, et au-dessus on voit un tableau d'Annibal Carrache, représentant l'Assomption de la Vierge. Il a été donné par S. S. Grégoire XVI à l'église d'Alger.

Le son des cloches ne s'y fait point encore entendre, cependant les cérémonies religieuses ont lieu publiquement; car je me rappelle avoir vu passer un enterrement, ayant la croix en tête, et conduit par un prêtre. Les arabes, au reste, firent très-volontiers l'abandon de leur mosquée : ils voyaient, dit-on, avec peine que les français n'eussent pas de culte.

J'ai visité quatre mosquées à Alger; la décoration des trois premières était fort simple. Qu'on se figure le vaisseau d'une église : en entrant on rencontre une piscine, dans laquelle tout croyant va faire ses ablutions, avant de pénétrer plus avant dans la mosquée; à la porte il a eu soin de quitter ses babouches, et tout français qui veut le suivre est obligé de laisser sa chaussure dans le vestibule. Une fois seulement j'y suis entré chaussé, mais on a taxé mon procédé de grave imprudence, en me disant que s'il se fût trouvé là un fanatique, comme il y en a encore quelques-uns à Alger, je pouvais être assassiné; une dame que j'accompagnais fut également obligée d'ôter ses souliers; au reste, les dalles de la mosquée sont couvertes de nattes, et l'on n'y ressent point de froid.

Le *croyant* se lave les pieds, les mains, la figure, et boit quelques gorgées d'eau avant d'aller faire sa prière. La mosquée n'a ni autel, ni rien qui puisse servir à un sacrifice : dans le fond, seulement, se trouvent des tapis, c'est la place des prêtres ; à la muraille, autour d'une niche vide, des tableaux grossiers, représentant la Mecque, et un prêche ou espèce de chaire. Celle de la mosquée de la place du gouvernement est en marbre blanc, d'un beau travail ; c'est le duc de Nemours qui la fit réparer, pour la donner à la mosquée. Un peu plus loin, dans la rue de la Marine, en descendant au port, on trouve la grande mosquée, bâtie pas les français, pour remplacer celle qu'ils détruisirent sur la place du Gouvernement ; elle est fort nue et n'a de curieux que la colonnade extérieure, qui vient de l'ancienne mosquée.

On m'a raconté qu'elle possédait un grand minaret et que les arabes croyaient fermement qu'*Allah* s'opposerait à sa destruction. L'ingénieur chargé de niveler le terrain, pour diminuer les frais de démolition, le fit saper à sa base, et à mesure qu'on enlevait une pierre, on plaçait un bois de bout afin de soutenir l'édifice. Le travail étant achevé, il fit annoncer, par la ville, que le lendemain, à midi, le grand minaret tomberait. Tous les mores et les arabes présents à Alger, se rendirent avec solennité autour de l'édifice, pleins de confiance dans l'intervention puissante du prophète.

A onze heures et demie on alluma le feu sous le minaret, et bientôt midi sonna sans que le monument bougeât de place. Les vrais croyants triomphaient déjà, et l'ingénieur ne savait à quoi attribuer la non réussite de la sape, lorsqu'un intrépide ouvrier eut l'audace d'aller attiser le feu, au risque d'être enseveli sous les ruines : il revint peu de temps après, annonçant que deux bois de bout tenaient encore, et pendant qu'il parlait, le minaret s'abîma tout-à-coup avec un fracas épouvantable. A cette vue, les mores s'en retournèrent gravement chez eux, en marmotant entre leurs dents, suivant leur usage, *Allah est grand et Mahomet est son prophète.*

Il y a dans l'intérieur de la ville une autre

mosquée, mais je n'ai fait que regarder à la porte, car elle est spécialement consacrée aux femmes.

La plus remarquable de toutes, est celle de Sidi-Abdéramen, qui se trouve placée en dehors de la ville, au-dessus de la porte Bab-el-Oued, sur la hauteur, dans une position charmante. Elle est entourée, de tous côtés, par des cimetières mores, en assez mauvais état. Je l'ai visitée deux fois.

Son enceinte, dans laquelle on ne parvient qu'après avoir franchi trois vestibules, est circulaire; on y compte deux rangs de tribunes, où les femmes sont admises voilées, le vendredi, jour plus spécialement consacré à la prière.

La décoration de cette mosquée est assez élégante, on y remarque de riches tapis, des drapeaux suspendus à la voûte, et de beaux lustres en cristal; les murs sont tapissés de jolies faïences de couleurs, sur lesquelles on lit des versets du Coran; on voit aussi dans un enfoncement des tableaux peints en or, fort mal faits, et représentant la Mecque et Médine. C'est vers cette partie de la mosquée, qui regarde toujours l'Orient, que les arabes adressent leurs prières; ils font au reste beaucoup de simagrées et de contorsions, et pendant un quart-d'heure que je suis resté à Sidi-Abdéramen, j'en ai vu un embrasser plus de trente fois la terre; je n'avais pas remarqué autant de dévotion chez les visiteurs des autres mosquées, dont plusieurs étendus commodément et au frais, dormaient d'un très-bon somme ; mais dans ce lieu vénéré on ne rencontre que de rigides observateurs de la loi du prophète.

A peu près au milieu de l'enceinte, se trouvent les tombeaux de deux marabouts [1]. La terre nue couvre seule les corps, mais la place que les tombes occupent, est surmontée par une espèce de catafalque en treillage de bois, peint en bleu et en rouge, couronné par un petit dôme enrichi de housses de soie.

Tout autour de l'édifice on remarque des monuments funéraires, n'ayant d'autre décoration que deux palettes de marbre placées verticalement l'une à la tête et l'autre aux pieds. Ce sont les tombeaux des deys d'Alger, car Sidi-Abdéramen est le Saint-Denis de l'Algérie, et pour plus grande conformité, ces deux basiliques réclament les cendres de leur dernier souverain ; mais il y a une tombe vide à Sidi-Abdéramen, comme à Saint-Denis, Charles et Hussem reposent sur la terre étrangère !

En sortant de la mosquée, j'avisai une espèce de sacristie, où se trouvaient divers objets à l'usage des prêtres, beaucoup de manuscrits que j'avais le plus grand désir de feuilleter ; mais le mufti qui m'avait

---

[1] Les marabouts sont des prêtres mahométans qui s'élèvent à une grande sainteté, et pour lesquels les arabes professent beaucoup de vénération.

suivi, me fit comprendre, par de grands gestes, qu'il ne fallait pas y toucher. Ce saint personnage, qui est le chef de la religion et l'interprète souverain de la loi, s'était même opposé à notre entrée dans la mosquée, en nous faisant lire une défense affichée au-dessus de la porte, et il n'avait cédé qu'aux prières réitérées d'une jeune et jolie dame qu'il avait, sans doute, prise pour une des houris célestes, qu'il trouvera un jour dans le paradis de Mahomet.

En sortant, nous retrouvâmes le dévot personnage que nous avions vu dans la mosquée; il avait l'air d'un énergumène, et il continuait à se jeter à genoux, à lever les bras au ciel et à embrasser la terre avec une dévotion frénétique. Je crois que cet homme exploité habilement, à l'aide d'un motif religieux, eût été capable de se porter aux dernières extrémités : l'assassin du général Kléber devait être de cette trempe. En quittant la mosquée, nous ne secouâmes point la poussière de nos souliers, mais nous les remîmes tout simplement à nos pieds, car il avait fallu les laisser dans le vestibule, et nous descendîmes lentement vers la porte Bab-el-Oued, tandisque le muézin, du haut du minaret de la mosquée, appelait à haute voix les croyants à la prière, ce qui a lieu trois fois par jour.

Pour en finir sur cet article, je dois dire que Sidi-Abdéramen est une des stations fréquentées par les arabes, qui font le voyage de la Mecque. Depuis long-temps les chrétiens ont abandonné le tombeau du Sauveur; mais les mahométans vont toujours visiter celui du prophète. Tout croyant doit faire ce pélerinage, au moins une fois dans sa vie, et il en revient avec le titre d'*Adjy*, qu'il ajoute ordinairement à son nom, ce qui constitue une honorable distinction dans le pays.

Tous les ans, aux mois de septembre et d'octobre, il part un grand nombre d'arabes qui s'embarquent à Oran et à Alger pour Alexandrie. Plusieurs grands navires prennent la mer, sans autre cargaison que ces messieurs. Ils emportent, au reste, avec eux, tous leurs ustensiles : leurs écuelles de bois, leurs marmites, des provisions de couscoussou, de figues sèches, en un mot, tout ce qui leur est nécessaire; de sorte que le capitaine n'a qu'à leur donner place sur le pont du vaisseau. Il me souvient qu'un jour à Alger, en ouvrant ma croisée, j'aperçus deux ou trois cents de ces saints personnages assis par terre dans la rue, *occupés à passer la revue de leurs gardes du corps* [1].

---

[1] Louis XIV avait renvoyé de ses gardes un gascon dont la tenue était fort mauvaise, et qui ne venait jamais à la parade avec sa buffleterie en bon état. Un jour que le roi se promenait dans le parc de Versailles, notre homme se plaça sur son passage, en affectant d'écraser sur son ongle les hôtes incommodes qui le dévoraient.

Ces pèlerins attendaient à la porte de l'intendance civile qu'on visât leurs passeports. Il me fallait passer entre la haie qu'ils formaient dans une rue fort étroite, et ce ne fut pas sans appréhension que je m'y déterminai. Je parcourus rapidement le trajet, et il me semble éprouver encore des démangeaisons rien que d'y penser. Pendant l'espace de quinze jours, je puis avoir vu un millier de ces pèlerins.

Je ne parlerai point des différentes cérémonies religieuses des mores et des juifs, car je n'en ai vu aucune, et je tiens à ne consigner dans cet écrit que des faits entièrement à ma connaissance.

## § VII.

La justice, quoique fort expéditive, est assez compliquée, quant aux différentes manières dont elle s'exerce : on la rend à la française et à la turque, suivant le gré du procureur général, qui traduit les accusés à sa guise; quand un méfait lui est dénoncé, ce magistrat pèse l'affaire, examine son importance;

---

Des courtisants s'en étant aperçus, voulurent l'éloigner ; mais il fit assez de bruit pour être entendu par le Roi, qui lui demanda ce qu'il faisait. Sire, répondit-il aussitôt, n'en déplaise à V. M., je passe la revue de mes gardes du corps, et je casse tous ceux qui n'ont pas de buffles. Cette plaisanterie amusa le roi, qui le fit rentrer dans sa compagnie. Tous mes futurs *adjys* auraient pu faire la même réponse.

si elle lui paraît minime et nécessiter une répression prompte, il mande le cadi more ou juif, qui juge le cas, séance tenante, et fait appliquer *hic et nunc*, cinquante coups de bâtons, plus ou moins, sur le dos du coupable, qui se retire, et tout est dit. Ce procédé constitue *la justice à la turque*. Si le fait est plus grave, ou qu'il s'agisse d'un européen, l'affaire est renvoyée devant le tribunal français, qui est composé tout différemment que ceux de France.

Il n'y a, à bien prendre, que deux tribunaux français dans toute l'Algérie, un tribunal civil correctionnel et criminel de première instance, ayant quatre chambres, une civile et une correctionnelle à Alger, la troisième, remplissant les trois fonctions, à Oran, ainsi que la quatrième, à Bone ; chaque chambre est composée d'un seul juge et d'un seul magistrat du parquet avec un juge-suppléant, les remplaçant indifféremment l'un et l'autre.

Le pouvoir de ce juge est immense ; il a au civil et au correctionnel la compétence d'un tribunal civil d'arrondissement de France : ainsi, il juge sans appel au civil, jusqu'à la valeur de mille francs, et au correctionnel il peut appliquer cinq ans, et en certains cas, dix ans de prison, dix ans de surveillance, l'interdiction de certains droits civils pendant dix années, et cinq cents francs d'amende, le tout sans appel et sans même que le condamné puisse recourir à la Cour de cassation, qui ne connaît que des affaires jugées par le tribunal supérieur. Mais ce qu'il y a de plus exorbitant, c'est qu'au criminel, ce simple juge compose à lui seul une cour d'assises, jugeant tous les crimes, et condamnant, tout seul, aux travaux forcés à perpétuité et même à mort ! On appelle alors de son jugement, mais l'effet moral n'est pas moins produit. Ce système qui paraîtrait intolérable en France, est presque indispensable en Afrique, dans une colonie naissante, qui compte un grand nombre de misérables, retenus seulement par la crainte d'un châtiment prompt et sévère, et un très-petit nombre d'honnêtes gens qui ne suffiraient pas à juger [1]. Cette organisation pourra se régulariser dans un grand nombre d'années. Il n'y a que deux ans que l'île de Corse est en possession de l'institution du jury; mais, toutefois, on devrait augmenter

---

[1] Quelque temps après la conquête, quand on voulut établir un tribunal de commerce à Alger, l'organisation en fut impossible, car presque tous les honorables industriels de la cité n'avaient point encore été réhabilités de leurs faillites, et le Code de commerce l'exige impérieusement, pour que l'on puisse exercer les fonctions de magistrat consulaire; aussi le mot *banqueroutier* était-il générique. Pour désigner un individu non militaire, il avait remplacé le mot *bourgeois*; ainsi, par exemple, pour indiquer un officier causant avec deux messieurs sur la place, on eût dit : c'est ce capitaine qui se promène là-bas avec ces deux *banqueroutiers*. Il est inutile d'ajouter que, depuis long-temps, le tribunal de commerce d'Alger est installé et honorablement composé.

le nombre des juges, et le porter jusqu'à trois ; car il est bien étrange que le magistrat qui a fait l'instruction criminelle d'une affaire, soit appelé à la juger : le débat public ne semble plus être alors qu'une simple formalité, puisque le juge a son opinion formée d'avance, et que c'est lui-même qui, *en particulier*, renvoie devant lui, *en public*. En France, le magistrat instructeur ne peut, sous peine de nullité, prendre aucune part au débat devant le tribunal ou la cour d'assises ; cependant je dois dire, pour être véridique, que, malgré ces raisons, qui me semblent déterminantes, M. le Procureur général me disait lui-même, qu'on ressentait de bons effets de cette institution, en Afrique.

Tous les ans il y a un roulement opéré par le gouverneur général, qui désigne à son choix, et sans rendre aucun compte, tel juge pour composer la chambre d'Alger, d'Oran ou de Bone. Il est vrai de dire que les magistrats assis ne sont pas plus inamovibles que ceux du parquet.

Le procureur général a le même droit sur ses substituts ; il révoque de leurs fonctions les greffiers et les défenseurs près les tribunaux, dont le nombre est fixé à douze pour Alger, à trois pour Bone, et à trois pour Oran. Ils remplissent à la fois les fonctions d'avocats et d'avoués, et sont nommés par le procureur général.

Le tribunal supérieur qui juge en appel, comme les cours royales, sans en avoir le rang, se compose de trois juges, et siège toujours à Alger.

Toutes les fois que l'un ou l'autre des tribunaux français doit prononcer sur le sort d'un more ou d'un arabe, il est obligé d'appeler des assesseurs indigènes qui ont voix délibérative sur la déclaration de culpabilité, et seulement consultative sur l'application de la peine [1]. Je n'entrerai point dans plus de détails sur ce sujet; ceux de mes lecteurs qui désireraient connaître l'organisation complète de la justice en Algérie, n'ont qu'à consulter l'ordonnance du Roi des 2 août = 10 septembre 1834, rapportée dans Duvergier, année 1834, page 266 et suivantes.

Pendant mon séjour à Alger, j'assistai à une audience du tribunal supérieur. Ses séances se tiennent dans la cour intérieure d'une maison more, dont la partie supérieure est couverte d'un châssis vitré, ce qui en fait une salle assez convenable. Tout autour sont des colonnes en marbre, ainsi que le parquet.

Sur un siège ordinaire étaient assis trois juges en robe noire, et deux assesseurs musulmans, l'un à la droite, et l'autre à la gauche du président. Ils

---

[1] Si la pénalité française est plus forte, on applique la loi du pays, dans le cas contraire, c'est notre Code pénal qui prévaut.

étaient habillés à la turque, les bras et les jambes nus, les pieds chaussés de babouches de maroquin, et la tête couverte du turban. L'un de ces deux hommes, au visage vénérable, portait une longue barbe blanche comme la neige, qui lui tombait sur la poitrine; celle de son collègue, plus jeune et d'une physionomie plus mâle, était d'un noir d'ébène. Ils tenaient chacun à la main un petit éventail en paille tressée, et peinte de diverses couleurs. Cet éventail garni de rubans roses, avait la forme d'une girouette; l'affaire pour laquelle on les avait convoqués, ne pouvant pas se juger, les deux arabes se levèrent, firent un salut au président en lui donnant une poignée de main, et se retirèrent après avoir jeté négligemment leur burnous sur l'épaule gauche. L'audience n'offrit autrement rien qui mérite d'être rapporté.

J'ai également assisté aux audiences du tribunal de première instance d'Alger et d'Oran, où il ne se passa rien qui fût digne d'intérêt.

A plusieurs reprises différentes je me rendis au tribunal du cadi, mais sans pouvoir me trouver au moment des audiences. La salle, fort petite, était entourée d'étagères en bois à trois pieds de haut, qui servaient de divans au cadi, au mufti et à tous leurs assesseurs : ils étaient assis dessus, les jambes croisées et entourés d'énormes volumes, dans lesquels ils faisaient des recherches. Pendant que je les regardais de la porte, je vis entrer un arabe, qui présenta une espèce de contrat à l'un des docteurs. Ce grave personnage mit ses lunettes, et après avoir pris connaissance du contenu, feuilleta dans son grimoire, écrivit ensuite quelques mots au bas du papier, et le remit au consultant, sans avoir proféré une seule parole. L'arabe ne lui paya point d'honoraires ni d'*épices*, et se contenta de lui adresser un léger salut.

Ces magistrats sont costumés comme les autres mores; on ne les distingue qu'à leur turban, de forme arrondie, dans le genre des bourrelets que l'on met aux enfants, en France, pour les empêcher de se fendre la tête.

L'autorité judiciaire se résume à Alger comme ailleurs, dans la personne du bourreau. Les têtes se coupent avec le yatagan; monsieur Aly-Adjy est chargé de ce soin. C'est un bourreau fort bien appris, un tant soit peu fashionable. Il est habillé à la turque et galonné en or sur toutes les coutures; au reste, il est fort bien vu par les habitants d'Alger, qui le saluent, causent avec lui volontiers, et le traitent comme un personnage. Son frère à un petit magasin more où j'ai acheté une pipe, qu'Aly m'a remise de sa main, qui est très-blanche, quand elle n'est pas rouge!

Avant la conquête, les hommes avaient droit de vie et de mort sur la personne de leurs femmes et de leurs enfants, qu'ils sacrifiaient suivant leurs caprices, et ils tombaient à leur tour devant ceux du dey, qui se jouait à chaque instant de leur vie. On connaissait à Alger une multitude de supplices plus effroyables les uns que les autres. Le yatagan était le plus doux. Tantôt on coupait un poignet et un pied au condamné, et ainsi mutilé, il traînait une existence pire que la mort; quelquefois on le cousait vivant dans un sac avec des animaux, et on le précipitait dans la mer; c'était le lot des femmes infidèles. Dans d'autres circonstances, après avoir lié pieds et poings à un malheureux, on l'étendait par terre, on lui faisait au ventre une large blessure, puis renfermant dans son vaste pantalon turc un chat sauvage, on le laissait ainsi dévorer par cette horrible bête. C'était ordinairement à la porte Bab-Azoun qu'avaient lieu les exécutions : lorsqu'elles étaient nombreuses, on employait un procédé assez expéditif.

La porte Bab-Azoun est ouverte dans une longue muraille qui s'étend de chaque côté, et dans laquelle sont percés un grand nombre de trous grillés, en guise de fenêtres. On faisait sortir de ces ouvertures une corde arrêtée par un bâton en travers. Les patients étaient conduits sur la terrasse supérieure, on leur passait la corde au cou, ils étaient aussitôt précipités et pendaient le long de la muraille, où leurs cadavres demeuraient jusqu'à ce qu'ils se détachassent d'eux-mêmes; souvent la garniture des fenêtres était au grand complet.

Le plus affreux de tous les supplices consistait à être jeté, tout vivant, sur des crocs de fer scélés dans les murailles de la casba. Les malheureuses victimes, en tombant, s'accrochaient par un bras, une jambe ou toute autre partie du corps, et restaient ainsi suspendues pendant quatre ou cinq jours en proie à la douleur, à la faim, à l'ardeur brûlante du soleil, jusqu'à ce qu'elles mourussent de rage, de désespoir et de misère.

Ce supplice est fort ancien, car M. de Rocqueville en parle dans sa relation sur Alger, en 1675, dans les termes suivants: « Il y en a d'autres qu'ils *en-*
» *gancent*; ils ont un fer long de trois pieds qui est
» attaché à la muraille, pointu comme une épée,
» ils attachent un homme pieds et mains ensem-
» ble, et le laissent tomber sur ce crochet de sept
» ou huit pieds de haut, et s'il s'attache par le pied,
» le bras ou le côté, il demeure en cet état jusqu'à
» ce qu'il soit mort. »

## § VIII.

Au haut de la ville se trouve la cassauba ou casba,

dépôt ordinaire des trésors du dey. C'est un château fort ou espèce de citadelle, où le dey se réfugiait quand il redoutait quelque conspiration et quelque surprise. Il y avait des appartements particuliers, des bains et une mosquée à son usage ; le reste était occupé par ses soldats. On y parvient par une rue très-étroite et fort rapide. Il faut monter au moins pendant une demi-heure pour s'y rendre : on croit pénétrer dans une prison quand on plonge sous les voûtes qui précèdent l'entrée.

C'est maintenant une immense caserne, occupée par deux régiments ; les zouaves, entr'autres, y tiennent garnison. La casba est un édifice immense, on y compte une multitude de cours et de corps de bâtiments ; mais ce lieu a perdu son antique physionomie. En effet, on lit sur toutes les portes des inscriptions comme les suivantes : quartier A, quartier B, logement n° 1, logement n° 2, et il n'y a plus la moindre illusion au milieu de ce système de matricule, surtout si l'on joint à cette nouvelle distribution des lieux, le vandalisme du soldat français, qui détruit tout ce qui lui tombe sous la main.

Il existait dans les cours de la casba des tonnelles magnifiques, qui produisaient de délicieux raisins, et avaient surtout pour objet de servir de galeries couvertes conduisant d'un corps de bâtiment à l'autre, à une assez grande distance : les rayons du soleil n'y pouvaient pénétrer, et il y régnait constamment une agréable et salutaire fraîcheur. Eh bien ! tout est détruit, et les soldats ont fait bouillir la marmite avec les tronçons de ces vignes séculaires.

Les bains, la mosquée, la chambre du trésor, tout est transformé en ateliers et en salles pour les militaires : on n'a même pas respecté la pièce où fut donné le coup d'éventail, cause de la conquête ; et, chose étonnante, après huit ans, on ne sait déjà plus le lieu précis où Hussem s'oublia jusqu'à frapper le consul français, M. Duval ; on en désigne deux aux visiteurs.

Dans une partie reculée de la casba et au-dessus d'une cour où se célébraient des jeux arabes, se trouvent des espèces de loges en bois découpées à jour : l'on prétend que c'est dans un de ces pavillons que le représentant de la France reçut le fameux coup d'éventail.

Dans la même galerie, mais de l'autre côté, se trouvent les appartements où le maréchal Bourmont fut introduit près du dey. On y remarque encore des restes de peinture assez grossière. Un témoin oculaire, M. de Bourgon, lieutenant-colonel du 1er Régiment de chasseurs d'Afrique, m'a ainsi raconté cette mémorable entrevue : « Toutes les cours

» et les corridors étaient tapissés par une haie de
» janissaires en grande tenue, au milieu de laquelle
» le maréchal passa entouré de son état-major. Il
» arriva ainsi près du dey, qui se tenait couché sur
» des divans, environné de ses ministres et de ses
» grands officiers. A la vue du général français, Hus-
» sem proféra les paroles suivantes : *Allah est grand,*
» *tu es l'envoyé d'une grande nation, tu es fort,*
» *tu m'as vaincu, je me soumets.* » Le lendemain,
ce monarque détrôné, traversait les rues d'Alger,
escorté par des soldats français qu'il avait demandés
lui-même pour le soustraire à la fureur de la populace
ameutée, et s'embarquait pour la terre étrangère.

La veille encore, dans son aveugle confiance, il
avait fait publier dans les mosquées, qu'on couperait
la tête de tous les français à la porte Bab-Azoun.

En prenant un escalier qui conduit sur les plus
hautes terrasses, on arrive à un petit pavillon que
l'on dit aussi être le lieu témoin de la colère du dey
contre le consul. Ce qu'il y a de certain, c'est que
ce petit appartement était le boudoir de prédilection d'Hussem. Il est placé à une grande hauteur au-dessus de la porte de la casba, dominant
toute la ville, et tout près d'une formidable batterie,
capable de réduire Alger en poudre, au moindre
geste du maître. De sa fenêtre le dey correspondait,
par signes, avec l'aga de ses janissaires, remplissant les

fonctions de ministre de la police, que ce tyran soupçonneux n'avait même pas osé loger dans son palais, et dont la demeure était tenue en respect par une grosse pièce de canon, à laquelle le dey pouvait mettre le feu lui-même. Le décors de ce pavillon était remarquable par les dorures et les peintures des rosaces du plafond, et les paysages peints sur les faïences. Ce petit appartement, qu'il eût été si facile de conserver, sert actuellement de demeure à un sergent-major, qui le dégrade tous les jours davantage.

De la terrasse on découvre une vue très-belle, mais moins remarquable que celle dont on jouit du haut du fort l'Empereur, dont je parlerai plus tard. Ceux de mes lecteurs qui ont vu le panorama d'Alger, par M. Langlois, en ont une très-juste idée, sauf les changements survenus depuis dans la ville. Je remarquai, au milieu d'une des cours, une très-belle fontaine jaillissante, en marbre blanc. J'oubliais de dire qu'on a pourtant respecté quelques beaux arbres qui se trouvent à l'entrée de la casba; c'est une chose à signaler, car ils sont très-rares dans la régence.

## § IX.

La tâche que je me suis imposée consistant plutôt à décrire scrupuleusement ce que j'ai vu, qu'à faire une histoire de l'Algérie, il est beaucoup de choses que je passerai sous silence, mais tout ce qu'il me reste à mentionner de la ville d'Alger, est de ouï-dire et pour mémoire.

Les mœurs sont très-dissolues à Alger, aussi la corporation des filles folles de leurs corps, comme on disait au moyen âge, est-elle fort nombreuse. Elle est connue sous le nom de *mésoär* : ces femmes sont moresques, juives ou mahonaises : tous les deux mois environ, le *mésoär* donne une fête ; chaque femme inscrite sur les contrôles de cette ignoble corporation, est obligée de payer cinq francs, qui sont employés à solder la police et à faire les frais du bal ; tout le monde a le droit d'y assister ; ces femmes exécutent des danses et des passes très-hasardées, avec des écharpes ou des mouchoirs. Les assistants, pour encourager les belles danseuses, leur collent, avec le pouce, de petites pièces de monnaie, sur le front, les épaules ou les bras, et le mérite consiste à danser le plus long-temps possible sans les laisser tomber. On voit souvent des admirateurs jeter ainsi beaucoup d'argent, qui, en définitive, appartient à la danseuse.

Les fêtes religieuses du beyram sont précédées par des jours de folle joie, qui ressemblent assez à notre carnaval ; mais chez un peuple grossier et dissolu, comme celui d'Alger, ils sont signalés par les plus ignobles ébattements. Le héros imaginaire de ces fêtes porte le nom de *Garagoux* ; il représente à peu près Mardi-gras ou Polichinel. Tous les soirs on le fait figurer dans les cafés mores, au milieu de dégoûtantes parades, que la plume se refuse à décrire, et auxquelles les mores conduisent leurs enfants. On trouvera dans le cours de ce voyage quelques détails de nature à donner la clef de ces abominations.

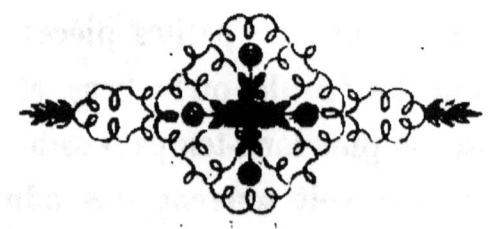

# CHAPITRE III

## UN BAIN MORE A ALGER.

### § I<sup>er</sup>

J'avais souvent entendu parler des bains mores, mais sans pouvoir surmonter la répugnance que m'inspirait toujours l'idée de me laisser manipuler et pétrir comme une pâte que l'on va mettre au four, en me faisant *masser* (c'est l'expression reçue) sous les frictions réitérées de la main des baigneurs; aussi s'en est-il de très-peu fallu que je revinsse d'Afrique en m'en tenant aux bains français, qui sont beaucoup plus agréables et surtout plus propres que le *massage* des orientaux. Cependant on est désireux de voir des choses nouvelles ; aussi n'ai-je pu me défendre de faire une station au milieu des thermes algériens.

Je m'y rendis un soir à neuf heures, en la compagnie d'un compatriote qui voulut bien m'accompagner, et j'avoue que, sans lui, j'aurais eu beaucoup de peine à m'introduire dans cet antre humide et nauséabonde. Les bains mores d'Alger ne sont pas d'une richesse extrême ; à l'exception du marbre, on n'y trouve rien de somptueux.

Après avoir franchi le seuil où se tiennent toujours quelques bédouins en guise d'enseigne, nous entrâmes dans la première salle des bains. Tout autour on a placé des lits de camp, à six pieds du sol, sur lesquels on parvient à l'aide de degrés couverts de nattes. A la pâle lueur d'une lampe suspendue à la voûte, j'aperçus autour de moi des hommes étendus, immobiles, enveloppés dans leurs linceuls, et qui avaient l'air d'attendre le jugement dernier : ils me rappelèrent, en tout point, la scène des nones de *Robert-le-Diable* ; c'était tout bonnement des baigneurs qui nous avaient précédé de quelques heures, et se reposaient des fatigues du bain.

J'avais eu à peine le temps de regarder autour de moi et de reconnaître l'espèce de coupe-gorge dans lequel je venais de m'aventurer, que déjà trois bédouins demi-nus m'entourèrent : l'un s'empara de mon argent, de ma montre et de mes bijoux, tandis que les deux autres me déshabillaient avec la promptitude et la dextérité d'un prestidigitateur, si bien que je me trouvai à l'instant entièrement dépouillé de mes habits et le corps ceint d'une pagne de laine, allant de la ceinture aux genoux. Mon baigneur, car de ce moment l'exploitation de ma personne lui était dévolue, me fit chausser des sandales de bois, retenues par une bride en cuir, et m'entraîna, par le bras, dans une pièce voisine.

La porte en était à peine ouverte, qu'une chaleur étouffante et insupportable vint m'assaillir de toutes parts. En effet, le marbre des dalles et des murailles était brûlant. Je crus d'abord que j'étais l'objet d'une plaisanterie de la part de mon compatriote, qui voulait s'amuser à mes dépens; mais quand je le vis entrer à son tour, je fus convaincu que nous allions prendre un bain more. Je me traînai, tant bien que mal, avec ma chaussure de bois jusqu'au milieu de l'appartement, où je m'assis sur un large bloc de marbre, qui ne ressemblait pas mal à une tombe au milieu d'un caveau funéraire. L'appartement où je me trouvais offrait tout-à-fait l'aspect d'une antique chapelle souterraine de cathédrale gothique; il était entièrement revêtu de marbre blanc depuis le carrelage jusqu'à la voûte. En face de la porte d'entrée coupée carrément dans un enfoncement ceintré, se trouve un grand bassin plein d'eau chaude qui sert à alimenter deux fontaines en forme de coquille, placées également vis-à-vis l'une de l'autre, et dans deux enfoncements pareils. Dans les quatre angles coupés sont des portes conduisant dans de petits cabinets, où les mores de qualité ont coutume de prendre les bains. Ces portes sont fermées par une draperie de laine, derrière laquelle on aperçoit une lumière lorsque le cabinet est occupé.

Nous nous assîmes, au milieu de la pièce, sur une dalle de marbre qu'on avait eu soin de couvrir de planches afin qu'elle ne nous brûlât pas, car le fourneau était placé perpendiculairement au-dessous; et nous nous mîmes à *suer* tout à notre aise.

A nos côtés se trouvaient trois ou quatre bédouins, le corps gluant et à moitié assoupis par la chaleur extrême dans laquelle ils restent plongés la nuit entière. Leurs yeux se fermaient et leur tête retombait d'épuisement sur leur poitrine. Nous étions bien réellement entre les mains des infidèles; ces hommes avaient l'air de véritables sauvages.

Il n'y avait pas cinq minutes que j'étais dans l'*étuve*, et déjà la chaleur me sembla diminuer; mais en passant la main sur ma figure et sur mes bras, je les trouvai couverts de grosses gouttes de sueur. La préparation dura environ une demi-heure.

Alors mon baigneur me prit encore par le bras, me conduisit dans un des enfoncements dont j'ai déjà parlé, et me fit signe de me coucher tout de mon long sur le dos. Je m'étendis ainsi sur les dalles de marbre, n'ayant qu'un bourrelet de linge sous la tête. Mon arabe s'assit à côté de moi, et commença à me frapper doucement avec ses mains nues par tout le corps, en chantant un air monotone de sa tribu. Il continua ainsi ce manège pendant quelque temps, pour ramollir les chairs et détendre les nerfs et les muscles. J'avais beaucoup de peine à ne pas bondir sous le chatouillement que j'éprouvais en sentant sa main se promener ainsi sur ma poitrine et sur le reste de mon corps. Les sauts de carpe que je faisais parurent fortement l'étonner; il me regardait d'un air ébahi et me parlait en arabe, je lui répondais en français, et nous étions aussi avancés après qu'avant.

Cette première opération terminée, il appela un autre baigneur, et à eux deux ils se partagèrent mon individu, l'un s'empara de la tête et l'autre des pieds, et ils commencèrent en cadence à me frictionner vigoureusement depuis le haut jusqu'en bas. Quand ils avaient fini d'un côté, ils me retournaient de l'autre, comme l'ours faisait du chasseur, et moi-même absorbé par une douce somnolence que provoquait leurs attouchements, je me laissais tourner et retourner comme un véritable paquet de linge [1].

Mes baigneurs s'armèrent alors d'un gant sans doigts, fait avec un tissu de poil de chameau, ce qui constitue une véritable *étrille* à l'usage de l'espèce humaine, et ils se mirent à m'*étriller* (c'est le mot) de la bonne manière. La chaleur pénétrante de l'étuve avait provoqué une transpiration si *profonde* (qu'on me passe l'expression), que, malgré le bain français pris trois jours auparavant, le gant de chameau, en me raclant les bras et les reins, détachait des espèces de baguettes grosses comme des tuyaux de plumes, ressemblant à de la mie de pain tendre roulée entre les doigts, que mes baigneurs avaient bien soin de me faire remarquer, comme ils le font toujours, car c'est le résultat le plus intéressant de leur opération [2].

Cette séance de *chamoiserie* terminée, mon homme se prit à me faire craquer toutes les articulations; il commença par les doigts et les poignets, puis ensuite me saisit les deux bras et me rapprocha les coudes

[1] Il est inutile de faire observer que toutes ces opérations se pratiquent avec la plus grande décence, de la part des baigneurs.

[2] Les français ont plaisamment nommé ces baguettes, des *macaronis*.

sur la poitrine ; de telle sorte que, pendant un instant, mon bras droit se trouva à gauche et le gauche à droite ; et il termina par me faire craquer les reins si fort, que je crus qu'il me les cassait sur son genou. Celui qui fût entré dans ce moment et eût vu ce sombre africain à la tête rasée et n'ayant que sur le sommet du crâne, de longs cheveux qui tombaient de tous côtés sur son front rembruni, tournant et retournant, sans cesse, un blanc cadavre qui n'opposait nulle résistance, eût cru voir une euménide coiffée de ses serpents, occupée à tourmenter une de ses victimes.

L'arabe s'éloigna un instant et revint bientôt avec du savon de senteur, dont il me frotta tout le corps comme il eût fait une pièce de mousseline, et alors me faisant lever, il me conduisit vers l'une des piscines, où il m'inonda des longs flots d'une eau tiède et limpide ; de tout le bain more, ce fut la seule partie qui me fit plaisir.

La séance, grâce au ciel, était terminée ! L'arabe me coiffa en turban avec une pièce de laine blanche qui retombait sur les épaules, et m'enveloppa tout le reste du corps dans les longs replis de plusieurs haïcs de laine de la même couleur, si bien que j'avais l'air d'une ombre échappée de l'Elysée ; puis il me ramena ainsi empaqueté dans le *refrigerium*, où je fus m'étendre et me confondre sur le lit qu'on m'avait préparé, avec les autres momies qui s'y trouvaient déjà. Mon baigneur m'apporta bientôt une tasse de café more, pour ranimer la chaleur du corps, et ensuite une pipe dont je tirai quelques bouffées. Il s'accommoda très-bien de mon reste de café et de pipe, et se coucha sur mes pieds comme un chien fidèle, plus tard il me servit un pot d'excellente limonade, que j'avalai à longs traits.

Nous demeurâmes trois heures à nous reposer des fatigues du bain et à laisser passer la chaleur : ordinairement on reste au bain toute la nuit, mais à une heure du matin nous nous retirâmes. Tous les objets de prix que j'avais confiés au gardien me furent fidèlement remis, et pour toutes les belles choses que j'avais vues et éprouvées, j'en fus quitte moyennant 1 fr. 50 c., encore avais-je fait le généreux, car les baigneurs se contentent de ce qu'on leur donne. J'étais fort aise d'avoir pris un bain more, mais je n'y serais pas retourné pour tout au monde [1].

---

[1] Les bains mores sont un remède souverain contre les rhumes, les catarrhes, les rhumatismes et toutes les douleurs des membres, qui sont presque inconnues, dit-on, en Afrique et dans l'Orient.

# CHAPITRE IV

## LE MORE DANS SON PALAIS.

### § I<sup>er</sup>

N'ENTRE pas qui veut dans une maison moresque ; la porte ou, pour mieux dire, les portes en sont soigneusement gardées et fermées, et ce n'est qu'après bien des difficultés que l'on parvient à franchir le seuil de ce mystérieux asile. Il y a beaucoup d'appelés, mais peu d'élus; c'est comme ailleurs. J'ai été assez heureux, grâce à mes relations à Alger, pour être de ce nombre, et je puis donner à mes lecteurs une fidèle esquisse d'une de ces demeures. Mais, pour que ma narration ne surprenne pas, qu'on ne crie point aux contes des *Mille et une Nuits*, pour qu'on ajoute enfin foi à mes paroles, je dois prévenir d'avance que j'ai choisi un noble seuil, que j'ai frappé à une porte princière. *Je désirais voir le more dans son palais*, et c'est à la maison de Mustapha pacha que je me suis adressé : Mustapha, qui a reçu chez lui le duc d'Orléans à son passage à Alger; Mustapha qui a fait le voyage de Paris et en est revenu décoré de la Légion-d'Honneur, est le fils de l'avant-dernier dey d'Alger, qu'Hussem fit étrangler dans une révolution de palais pour monter sur le trône à sa place, et aller mourir plus tard à Livourne, simple particulier ; ainsi va le monde.

La première porte de la maison qui donne, au reste, dans une rue fort sombre et fort étroite, est extérieurement décorée de deux colonnes et d'un bas-relief sculpté qui en forme le ceintre, le tout en marbre blanc d'Italie. Cette porte toujours ouverte, donne entrée dans un premier vestibule de vingt pieds carrés environ. De chaque côté on a pratiqué, dans les murs, des retraites ou niches soutenues par quatre colonnes de marbre, à deux pieds au-dessus du sol, et recouvertes de nattes, sur lesquelles sont constamment assis des mores ou des nègres, gardiens fidèles de ces demeures. Mustapha père affectionne particulièrement cette place, où il se tient souvent confondu avec ses serviteurs; en face, est une porte toujours fermée, qui ne s'ouvre jamais sans les ordres précis du maître de ces lieux, et qui conduit dans une longue galerie pavée en marbre, entourée de colonnes de marbre, et dont les murs sont revêtus de carreaux de faïence d'Italie de mille couleurs, assez semblables à ceux dont, en France, on garnit le dessus des fourneaux. C'est, au reste, la seule tapisserie du pays; et pour n'avoir plus besoin d'y revenir, je dirai, une fois pour toutes, que les corridors, les escaliers, les parquets et les murs des appartements, jusqu'à six pieds de haut, sont tous décorés avec cette faïence, représentant des fleurs, des losanges, des rosaces, des paysages et mille figures bizarres; la partie supérieure de la muraille est tout simplement blanchie à la chaux, ce qui contraste étrangement avec le plafond ou le plancher supérieur, souvent peint en couleurs brillantes, et quelquefois doré.

Cette galerie qui forme un carré-long, sert de salon d'attente; une troisième porte conduit dans une troisième pièce, plus petite et plus riche que les deux autres, une quatrième porte, qui est la dernière, vous livre passage dans la cour intérieure, et on entre enfin dans la maison : nous n'espérions pas y être admis, car le matin même on m'avait signifié que les dames seraient seules reçues;

aussi leur offrîmes-nous le bras seulement pour les conduire jusque chez Mustapha ; le hasard fit que Mohamet se trouvait dans le vestibule à notre arrivée; il nous laissa entrer jusque dans la troisième enceinte, et entr'ouvrant la quatrième porte, il entama une polémique assez animée avec un personnage invisible qui devait être son père. Ils nous semblait au ton de leur conversation que le fils voulait nous admettre, mais que le père s'y opposait fortement ; cependant il finit par vaincre la répugnance du vieux more, et nous pénétrâmes dans le palais, demeure de Mustapha.

Dans ce vestibule se trouvait la magnifique selle du cheval de Mohamet; elle est en velours cramoisi; le trousse-quin ainsi que le pommeau et les étriers sont recouverts de plaques d'argent, damasquinées en or, au moyen d'un travail très-riche et très-précieux.

## § II.

Les maisons moresques forment toujours un carré parfait, et comme elles n'ont jamais de fenêtres extérieures, mais simplement des jours grillés de deux pieds environ pour éclairer les escaliers, il en résulte qu'elles ne reçoivent d'air et de lumière que de l'intérieur; de là, la nécessité d'une cour qui éclaire toute la maison, et en est une des pièces les plus

Intérieur de maison à Alger

remarquables. Elle est toujours circonscrite par quatre rangées de colonnes formant le carré, réunies par un ceintre ogival, qui soutiennent un balcon ou galerie supérieure faisant tout le tour de la maison. Dans le bas, la cour semble entourée par un cloître, à l'instar de nos anciens monastères : c'est là que se trouvent les cuisines, les salles de bain, et tout ce qui dépend du service de la maison.

La cour intérieure de celle de Mustapha est magnifique ; elle peut avoir cinquante pieds sur chacune de ses faces, elle est pavée en grands carreaux de marbre blanc, au milieu est un élégant bassin également en marbre de la même couleur et surmonté d'un croissant ; de cette élégante fontaine, s'échappent sans cesse trois jets d'eau qui répandent une délicieuse fraîcheur et font entendre un bien agréable murmure, sous le soleil brûlant de l'Afrique. Tout autour de la cour sont placés de grands vases en marbre d'un bon goût, contenant des fleurs et de verts arbustes ; les colonnes, au nombre de quarante, sont en marbre blanc, octogones jusqu'au milieu de leur hauteur, se terminant par des cannelures en spirale de la dernière élégance, et couronnées par des chapiteaux corinthiens de la plus grande beauté ; tous les jambages des portes et des fenêtres sont en marbre blanc, ainsi que les marches de l'escalier qui conduit au premier étage.

Arrivés sur le balcon entouré d'une balustrade de bois peint en vert et découpé en arabesques, nous fûmes introduits dans le somptueux appartement de Mohamet, fils aîné de Mustapha, dont il nous fit parfaitement les honneurs. C'est une galerie de douze pieds de largeur, sur une longueur de trente. La porte d'entrée est intérieurement décorée de draperies de soie, élégamment disposées; on foule aux pieds de moelleux tapis de Turquie et de Mascara; en face de la porte d'entrée, dans un enfoncement, se trouvent, à un pied du parquet, des divans recouverts d'étoffe de brocards d'or de la plus grande richesse; au-dessus sont creusées dans le mur, des étagères aux formes ogivales, garnies de mille et un brillants colifichets, tels que vases, flacons, amulettes, coffrets en nacre, tissus précieux, au milieu desquels une pendule française produisait un singulier effet; à une des extrémités on voyait deux grands coffres en bois, tout couverts de dorures; ils contenaient, sans doute, les cachemires, les écrins, les armes, dont nous ne vîmes pas une seule, mais ils ne furent point ouverts devant nous; à côté se trouvait un grand fauteuil en velours cramoisi et tout lamé d'or; à l'autre extrémité, un grand rideau de mousseline brodée fermait l'entrée d'un appartement secret. Nul mortel assez téméraire n'eût osé seulement en agiter les plis; Mohamet en souleva un des coins d'un air grave et religieux : nous aperçûmes des divans, des coussins à moitié cachés par un voluptueux demi-jour, s'échappant à travers des carreaux de toutes couleurs. C'est au fond de ce sanctuaire, que le more repose ses soupçons et sa jalousie, près de la sultane favorite.

## § III.

Après nous avoir fait visiter ainsi toutes les parties de son appartement, Mohamet conduisit les dames de notre société près de sa femme et de ses deux belles-sœurs, mais il ne nous fut pas donné, cette fois, de les accompagner. Nous restâmes sur la galerie à nous promener ; et pour nous faire passer le temps et nous dédommager, un jeune more, cousin de Mohamet, nous apporta sa petite fille, âgée de trois ans, nommée Fissa ; cette enfant était vraiment intéressante, quoiqu'un peu sauvage, aussi lui prodiguâmes-nous mille caresses. Elle portait un riche vêtement tout brodé d'or ; ses cheveux étaient teints en *rouge*, ce qui est peut-être un grain de beauté dans un pays où toutes les femmes les ont noirs. L'intérieur de ses mains, ainsi que ses ongles étaient barbouillés de la même couleur, ce qui me fit croire que la petite moresque s'était salie les doigts en se touchant les cheveux ; mais on me détrompa à cet égard, en m'assurant que ce bariolage était une partie obligée de sa toilette; elle avait, par extraordinaire, le costume des petits garçons : elle portait sur sa tête une calotte en velours bleu, entourée d'un triple rang de pièces d'or, appelées *sotany*, et mêlées avec des perles; un gilet turc ceignait ses reins, ses jambes étaient nues et ses pieds chaussés dans de petites pantoufles en velours rouge, brodées en paillettes et en cannetilles, qui eussent fait envie à Cendrillon.

Les dames revinrent une demi-heure après et nous racontèrent leur visite; elles étaient entrées dans un appartement situé en face de celui où nous avait reçu Mohamet, et qui est réservé pour les femmes; elles y trouvèrent trois jeunes personnes, parées comme pour une fête[1] et absorbées dans le plus délicieux *far-niente*, car jamais les dames ne travaillent; elles se levèrent de dessus leurs divans pour recevoir les visiteuses, mais leur accueil fut assez froid, ce qui n'est pas étonnant, car elles ignoraient le français; aussi la visite se passa-t-elle plus particulièrement à s'examiner de part et d'autre; les trois moresques étaient les deux belles-sœurs de Mohamet, dont j'ai oublié le nom, et sa femme,

---

[1] Jamais les mores ne vous admettent dans leurs maisons sans être avertis au moins un jour d'avance, afin que les femmes puissent faire leur toilette, et tout disposer pour une réception convenable.

nommée Fathma, fort jolie personne de 18 ans ; leurs vêtements présentaient la plus grande magnificence ; elles portaient des babouches brodées d'or, des bas blancs, de larges pantalons blancs serrés avec une coulisse sur le cou-de-pied, des tuniques de gaze, une espèce de tablier en soie de couleur, un schall sur les épaules, une large ceinture en drap d'or et un foulard sur la tête. Elles étaient toutes trois étincelantes de pierreries et de bijoux ; car, outre des bagues et des pendants d'oreilles en brillant, elles portaient au cou, chacune, un collier de six rangs de perles fines, et un large bandeau en diamant sur la tête ; il était difficile, au dire de ces dames, de voir un costume plus magnifique et en même temps plus disgracieux. Du reste, l'appartement ressemblait en tout point à celui où nous avions été d'abord reçus : on y remarquait seulement un lit tout doré et garni de velours. Ce meuble, fort rare chez les mores, venait probablement de la succession de l'ancien Dey Mustapha-Pacha ; c'était bien ce qu'on peut appeler un lit de parade.

## § IV.

La visite terminée, nous rentrâmes dans les appartements de Mohamet, et nous fûmes l'objet d'une distinction flatteuse, car on nous offrit une collation, faveur réservée par les mores aux visiteurs qu'ils voient chez eux avec plaisir. Notre hôte apporta lui-même un plateau en laque de Chine, sur lequel se trouvaient deux vases de cristal, pleins de confitures et quatre cuilliers d'argent; il le plaça sur une petite table d'un pied et demi de haut, tout incrustée en losanges de nacre; il nous donna lui-même, à chacun, en guise de serviette, une longue écharpe d'un tissu précieux, soie et laine, couverte de fleurs en dessins damassés, et ayant aux deux bouts des palmes hautes de deux pieds brochées en fil d'or; le tout encadré par une riche frange soie et or.

Mohamet plongea tour-à-tour les cuilliers dans le premier pot de confiture, et en offrit une à chaque convive, en commençant par les dames, et nous invita à y revenir; c'était de la marmelade de coing à l'essence de rose; nous la trouvâmes fort bonne. Celle que nous goûtâmes après nous parut excellente, mais nous ne pûmes savoir de quoi elle était composée; on prononça le mot de citrouille, ce qui nous donna à penser, qu'elle pouvait être faite avec du melon de Moscovie.

Le café vint ensuite, et Mohamet fut le prendre à la porte des mains d'un de ses gens; car nous ne vîmes pas un seul domestique, et les maîtres de la maison nous servirent constamment eux-mêmes.

On plaça devant chacun des convives une petite tasse en porcelaine, grande au plus comme la moitié des nôtres. Cette tasse était posée sur un bol en argent tout ciselé à jour, et qui tenait lieu de soucoupe; c'est par là que l'on prend la tasse, afin de ne pas se brûler les doigts. Mohamet vida le café more contenu dans une cafetière d'argent.

Les trois mores qui assistaient à la collation n'y prirent aucune part. Après le café on fit passer des pipes, mais comme il ne se trouvait aucun fumeur parmi nous, sur l'invitation de nos hôtes, la société leva le siége pour aller visiter la maison. Nous montâmes au second étage par un escalier toujours en marbre, mais renfermé entre deux murs comme tous ceux que j'ai vus, et dont les degrés sont très-élevés, ce qui est peu commode, mais sans inconvénient pour les femmes, car elles portent toutes des pantalons. Le second étage est la répétition exacte du premier, à la richesse près; il n'était même pas habité.

Après l'avoir rapidement parcouru, nous montâmes sur la terrasse qui règne sur toute la maison et en est une des parties principales, car c'est le seul endroit où les femmes bien nées, qui ne sortent jamais, viennent respirer l'air et la fraîcheur du soir; elles n'y montent d'ailleurs jamais dans la journée. Cette terrasse, en terre battue, et d'où l'on découvrait un fort beau panorama, était ornée de vases en marbre blanc garnis de fleurs comme ceux de la cour. Cette particularité de détail me rappelle même un trait de galanterie fort délicate d'un de nos hôtes. Omar, qui d'ailleurs avait été fort attentif auprès de nos dames pendant toute la visite, eut la politesse de cueillir deux fleurs et de les présenter avec tant de grâce et d'élégance aux deux dames de la société, qu'un de nos dandys à la mode ne s'en fût pas mieux acquitté. Omar est un beau jeune homme de 18 ans, à la figure rose et réjouie, sans barbe; il porte une calotte grecque, parce qu'il n'est pas encore marié, nous dit-il ; son costume était fort simple, et il avait les jambes nues. Au reste, il vient volontiers se promener sur la place du Gouvernement, et la société des français lui plaît assez.

Mohamet est un des plus jolis garçons et des plus élégants d'Alger. Sa figure brune et caractérisée est rehaussée par l'éclat d'un œil noir très-vif et par une jolie moustache de la même couleur, qui ombrage gracieusement sa lèvre supérieure. Les dames trouvent qu'aucun more ne pose son turban de cachemire avec plus de grâce que lui ; sa veste turque est riche et dorée; il porte de larges culottes de soie grise et des bas blancs, contre l'usage de ses compatriotes; du reste, il est demeuré à Paris un an avec son père, et il parle fort bien le français.

Le vieux Mustapha que nous n'avions pas encore vu depuis notre entrée dans la maison, parut un instant sur la terrasse. Nous nous empressâmes d'aller lui offrir nos hommages, politesse à laquelle il parut fort peu sensible, car le vieux more n'aime pas beaucoup les français, et on n'en sera pas surpris, quand on saura qu'il a perdu à la conquête une maison, aussi belle que celle qu'il habite, affectée à l'intendance militaire, son magnifique palais de Mustapha-Pacha, dont on a fait une caserne d'infanterie, et, par-dessus tout, l'espoir si doux de remonter un jour sur le trône occupé jadis par son père, dans le palais de la Jenina.

# CHAPITRE V

## UNE COURSE DANS LA PLAINE DE LA MITIDJA ET DANS LA BANLIEUE D'ALGER.

### § I<sup>er</sup>

Grâce à l'extrême obligeance de M. le colonel de Bourgon, j'ai fait plusieurs courses fort intéressantes dans la province d'Alger. Il est fort dangereux de parcourir la plaine sans être protégé par une escorte; et un homme seul, à une lieue de la ville, serait presque sûr d'être assassiné : aussi les français qui vont en Algérie ne connaissent-ils guère que la capitale et les principaux points de la régence, et à part les militaires, j'ai trouvé beaucoup de personnes à Alger qui n'ont jamais dépassé l'hôpital du dey et le camp de Mustapha-Pacha. Aussi la relation des courses que j'ai faites peut-elle présenter quelque intérêt.

A la première excursion que nous fîmes dans la plaine, le rendez-vous fut donné pour monter à cheval à *midi*. Je fus d'abord très-surpris que l'on choisît une pareille heure pour se promener dans un pays aussi chaud, et à la mi-septembre; mais on me fit comprendre bientôt que ce moment était le plus favorable. En effet, le temps le plus chaud du jour est depuis le matin jusqu'à midi; à cette heure il s'élève de la mer une brise qui rafraîchit beaucoup l'atmosphère et rend la chaleur supportable.

En sortant de la porte Bab-Azoun, qui est toujours très-bien gardée et fort encombrée, on a devant soi la route qui conduit au camp de Mustapha-Pacha. On rencontre une multitude de chars-à-bancs et d'ignobles vinaigrettes qui vous mènent au camp pour 50 c., ce qui est fort commode : ce sont les fiacres de la régence. Souvent les nègres et les bédouins établissent dans ce lieu, au son du tambourin, des danses, qui n'ont d'autre mérite que leur singularité.

Tout près de la ville, et sur le rivage, est le fort Bab-Azoun, qui défend très-bien l'arrivée par la plaine et par la mer, à l'est de la ville. On ne peut rien voir de plus animé que la route de Mustapha-Pacha; elle est couverte de carrioles pleines de militaires qui vont au camp ou qui en reviennent. On trouve des hommes à cheval, des soldats à pied, des bédouins conduisant des ânes ou des chameaux, et l'étranger est surtout frappé par l'aspect nouveau que présente la campagne, ainsi que les arbres et les plantes qu'on y remarque. Les jardins sont pour la plupart clos par des haies vives, composées de figuiers de barbarie (cactus-raquette) et d'aloès. Le cactus que nous élevons en France, en serre chaude et dans des pots, atteint, en Afrique, la hauteur d'un arbre, et s'élève à huit ou dix pieds. Lorsque les haies sont bien faites, elles deviennent impénétrables, on ne pourrait chercher à les traverser sans se mettre en pièces; le canon seul peut y faire des trouées. J'ai remarqué sur cette route deux beaux palmiers à la stature majestueuse: cet arbre est fort rare sur la côte d'Afrique; car je n'en ai pas vu dix dans toute la partie de la régence que j'ai visitée.

## § II.

Le camp de Mustapha-Pacha est à une demi-lieue

d'Alger; il se présente en amphithéâtre sur la montagne, et faisant face à la mer. Au-devant se trouve une immense esplanade et une fort belle route pour y arriver. On y a fait des plantations de mûriers qui ont bien réussi. Le camp est très-bien tenu et fort beau; il est occupé par une partie du 1er Chasseurs d'Afrique et par un Régiment d'infanterie; les soldats couchent sous des barraques en bois. Au-dessus du camp on découvre plusieurs maisons de campagne charmantes, habitées par les officiers. C'est à Mustapha que se trouvent les *villas* du maréchal Clausel et du maréchal Vallée; elles sont placées au centre de jardins délicieux et entourées des plus belles eaux. On y admire en pleine terre des orangers, des citronniers, des grenadiers et des bananiers de la plus grande beauté. Le séjour en est enchanteur. On rencontre plus loin le palais d'été de Mustapha; autrefois il était admirable, mais depuis sa transformation en caserne ce n'est plus qu'une ruine.

Après avoir visité le camp nous redescendîmes sur le bord de la mer, et nous suivîmes un chemin délicieux ombragé de caroubiers et d'oliviers sauvages d'une admirable végétation. Nous arrivâmes bientôt en face d'un café more, qui présente le coup d'œil le plus pittoresque; il sert de halte aux bédouins qui viennent apporter des provisions à Alger : ils y prennent le café et y font boire leurs chameaux. Nous en rencontrâmes bientôt plusieurs qui s'acheminaient vers la ville, perchés de deux en deux sur le même chameau; c'est leur manière favorite de voyager. L'un raconte des légendes et des contes arabes, et l'autre écoute des heures entières avec la plus grande attention.

Nous fîmes un peu plus loin une rencontre encore plus curieuse : nous aperçûmes un cheval conduit par un nègre et suivi d'un more qui ne le perdait pas des yeux. Sur le dos du cheval était placée une espèce de cage ou de garde-manger, formant un carré-long et recouvert de tous côtés par une gaze rouge, laissant apercevoir au milieu une masse blanche et informe qui suivait le mouvement de l'animal ; c'était une femme moresque qui se rendait à la ville, précédée d'un esclave et suivie de son mari. En arrivant à Alger on aura descendu la cage avec l'*oiseau* dedans, et le tout aura été porté au milieu des appartements, sans que personne ait pu voir seulement la couleur des yeux de la recluse.

## § III.

Nous arrivâmes bientôt dans la commune d'Hussem-Dey, couverte de belles habitations. Une d'elles a été métamorphosée en quartier de cavalerie pour les chasseurs. La vallée, qui va toujours en diminuant de largeur, et qui, dans cet endroit, se trouve resserrée entre la montagne et la mer, est d'une grande fertilité, grâce aux travaux d'art que les arabes ont exécutés pour avoir de l'eau. J'aurai plus tard occasion de revenir sur cette particularité, mais je dois toutefois consigner ici, qu'en Algérie, avec de l'eau, on peut faire des miracles en agriculture; la fertilité est extrême quand la terre est arrosée. Dans tous les jardins qui entourent le camp, on a pratiqué des espèces de puits appelés *noria* dans le pays.

Ces puits sont d'un diamètre de huit pieds; une roue d'une hauteur égale, et tournant verticalement, est placée au-dessus de l'ouverture, dans laquelle elle entre à moitié. Cette roue est mise en mouvement au moyen d'un long levier adapté à une lanterne à engrenages, et qu'un cheval fait mouvoir en tournant. Sur la roue verticale est placé un câble sans fin, assez long pour descendre dans l'eau. A ce câble sont attachés des pots en terre de la contenance de trois litres. Les pots descendent à vide, se remplissent en passant dans l'eau, remontent de l'autre côté, et arrivés sur la roue, se renversent dans une auge en bois communiquant à des timbres, puis ils redescendent dans le *noria* pour remonter encore; et leur propre poids les maintient très-bien sur la roue verticale. Le *noria* est toujours élevé de 20 à 25 pieds, afin que l'eau qui en découle puisse être facilement dirigée dans toutes les parties du jardin, pour l'irrigation, que les arabes entendent supérieurement. Les *norias* sont très-communs et très-rapprochés dans les plaines autour d'Alger. Celui que je visitai au milieu du camp pouvait avoir quarante pieds de profondeur.

On me fit remarquer, dans la plaine d'Hussem-Dey, la maison et les magnifiques jardins d'un riche turc, qui n'a point imité l'exemple de ses compatriotes en quittant la régence, mais qui, depuis la conquête, n'est pas sorti de sa demeure, où il vit retiré au milieu de ses femmes et de ses nègres.

La plupart des maisons de plaisance, occupées par les officiers supérieurs ou les consuls, appartiennent à des turcs émigrés, qui les louent en leur absence.

## § IV.

En quittant Hussem-Dey, on abandonne bientôt les terres cultivées pour entrer dans des campagnes arides couvertes de lentisques et de palmiers nains. Après une heure de marche on arrive au pont de l'Arrach qui coule au-dessous de la Maison-Carrée. Cette petite rivière, qui l'hiver devient un torrent assez considérable, arrose une partie de la Mitidja, et se jette à une demi-lieue plus loin, dans la Méditerranée. On trouve sur ses bords un grand nombre de poules de Carthage ou canes-petières; c'est la petite outarde.

Le pont construit par les Romains a sept arches, et au milieu du parapet se trouve une pierre gravée en caractères arabes, que l'on peut traduire par cette apostrophe laconique : *bois* et *fuis ;* ce qui signifie, suivant certains commentateurs, que ce lieu, autrefois très-dangereux, était souvent funeste aux voyageurs qui s'y arrêtaient ; tandis que d'autres regardent cette inscription comme une allusion à l'hospitalité des arabes, qu'ils accordent toujours, mais rien que pour un moment.

Après avoir traversé le pont, nous montâmes à la Maison-Carrée par une belle rampe construite par les français, comme tous les chemins viables de l'Algérie.

La Maison-Carrée est un vaste bâtiment carré, comme l'indique son nom, assez faiblement fortifié. Les murailles sont percées de meurtrières comme toutes celles des maisons construites dans la campagne. Tout autour règnent des hangars et des écuries, et au-dessus une terrasse du haut de laquelle on découvre une vue magnifique ; à l'ouest, Alger et ses maisons blanches ; au nord, la Méditerranée ; à l'est et au sud, l'immense plaine de la

Mitidja, encadrée par les premières ramifications de l'Atlas. On aperçoit aussi sur les bords de la mer les ruines d'une ville romaine dont j'ignore le nom.

Au milieu de la Maison-Carrée se trouve un grand bâtiment servant de caserne, et qui autrefois était un grenier destiné à recevoir les contributions en nature que le dey levait sur les arabes de la plaine; c'était pour les percevoir que la Maison-Carrée avait été bâtie. Au moment de faire payer le tribut, le dey d'Alger envoyait des janissaires s'emparer de ce lieu fortifié, qui, le reste du temps, demeurait sans habitants.

Les français y ont établi un poste qui sert de halte et de point de communication pour les camps du Foudoux et de Carra-Mustapha, situés à l'autre extrémité de la plaine. La Maison-Carrée dominant la Mitidja, permet de surveiller la marche des arabes et protège les établissements français qu'on commence à y fonder, notamment auprès du pont de l'Arrach. Au reste, malgré l'élévation du plateau, l'air y est si mal-sain, que, pendant neuf mois de l'année, on n'y laisse qu'une faible garnison.

En face de la porte de la Maison-Carrée et de l'autre côté du chemin, on voit le modeste mausolée d'un brave capitaine d'infanterie qui fut tué dans ce lieu par les arabes, après avoir fait des prodiges de valeur. Je regrette de ne pouvoir faire connaître son nom.

## § V.

En quittant la Maison-Carrée, nous nous dirigeâmes dans la Mitidja, vers l'une des fermes du maréchal Clausel; elle se nomme Bab-Aly ou Aly-Baba. Elle est située au milieu de la plaine, sur un mamelon isolé couvert de figuiers de barbarie chargés de fruits au moment où je la visitai; elle se compose d'une mauvaise cabane et de misérables bâtiments pour mettre les troupeaux à l'abri, et est gardée par quelques domestiques armés jusqu'aux dents. Ils ne cultivent point les terres de la ferme, qui donne cependant, dit-on, un revenu considérable à son maître. Le produit du domaine consiste dans les foins, qui sont d'une très-bonne qualité, et que le maréchal vend à la cavalerie, mais qui coûtent beaucoup d'exploitation; car il faut des soldats armés pour protéger les faucheurs, qui ont eux-mêmes le fusil en bandoulière pendant qu'ils travaillent.

On me parla d'une fête superbe donnée par le maréchal Clausel dans une salle de verdure au milieu des cactus. Après le repas, les dames eurent le plaisir de suivre de l'œil, comme du haut d'un belvéder, une chasse au sanglier, et d'applaudir au courage et à l'adresse des chasseurs.

Nous ne restâmes qu'un instant à Aly-Baba, et nous continuâmes à parcourir la plaine. Nous découvrîmes bientôt une petite construction en pierre terminée par un dôme, ombragée par quelques arbres, et notamment par trois palmiers. Le colonel, qui a souvent fait la guerre dans ces parages, m'apprit que c'était le marabout de sidi Meakmeth. Nous mîmes pied à terre, pour le visiter, non sans parcourir d'abord les broussailles qui l'entourent, dans la crainte que quelque arabe ne nous fît payer cher notre curiosité.

L'intérieur de l'édifice n'avait rien de remarquable, il nous fut facile de voir que la terre avait été remuée et le corps du marabout enlevé, pour éviter les profanations des infidèles (les chrétiens), ce qui a été pratiqué généralement en Afrique depuis la conquête. Nous mourions de soif, et il nous fut impossible de découvrir aucune source autour du marabout. Cependant les arabes choisissent de préférence les endroits frais et arrosés par des fontaines, pour y enterrer leurs saints, car ces tombeaux deviennent ensuite des lieux de rendez-vous, où les chefs tiennent leurs conseils de guerre : celui que nous visitions était ombragé par trois beaux palmiers, signe de la puissance chez les arabes. Nous vîmes à l'entour des traces d'hommes assez récentes, et je ramassai, à la porte, un fragment de lampe en terre cuite, qui avait peut-être servi à éclairer Abd-el-Kader.

Nous rencontrâmes bientôt une caravane composée d'arabes montés sur des chameaux, et conduisant des ânes; ces bédouins se rendaient à Alger avec des provisions pour le marché. Ils portaient des volailles, des figues de Barbarie, des raisins et du gibier. Ils continuèrent leur chemin sans nous rien dire. Ces pourvoyeurs n'entrent point le soir dans la ville, mais ils couchent à la belle étoile, sous des tentes qu'ils portent avec eux. Nous les retrouvâmes au retour, et il nous fallut traverser leur bivouac pour rentrer à Alger.

Au milieu de la plaine qui, dans cet endroit, est entièrement nue, nous aperçûmes un arabe à cheval, armé de son yatagan et de son long fusil, couché en travers de sa selle; cet homme avait un air éminemment martial, et était posté en sentinelle perdue. Sa présence intrigua le colonel. Nous nous approchâmes de lui, mais il ne bougea point. M. de Bourgon ne savait si c'était un hadjoute chargé d'éclairer la plaine et de veiller sur les caravanes, ou un gendarme more, montant la garde pour les français [1]. Une conversation, moitié par paroles et

[1] On a organisé à Alger des compagnies de gendarmerie

moitié par gestes, s'engagea entre le colonel et le bédouin, qui nous suivit assez long-temps. M. de Bourgon comprit, à la fin, que l'arabe lui signalait quatre hadjoutes fuyant du côté de l'ouest. Comme les gens de cette formidable tribu sont des maraudeurs qui parcourent la plaine pour couper des têtes et dévaliser les français voyageurs, le colonel crut convenable de leur appuyer une chasse; nous partîmes donc au galop, faisant voler la poussière sous nos pas, et nous traversâmes, au milieu de roches escarpées, le lit d'un torrent desséché. Nous avions cru distinguer un point blanc à l'horizon, et notre ardeur s'était ranimée; mais bientôt nous ne vîmes plus rien, et tournâmes bride vers la ferme-modèle.

## § VI.

On a souvent parlé dans les journaux de cette partie de la plaine, où nos troupes ont livré plusieurs combats. Dans un autre chapitre de cet ouvrage, je me propose de toucher deux mots de la colonisation, mais ici je me contenterai de décrire les lieux. Cette ferme, dite *modèle*, est plutôt une maison carrée, un point fortifié, qu'une ferme; elle

more, commandées par des officiers arabes, qui rendent, dit-on, quelque service; cependant on n'a pas en eux une entière confiance.

est située à l'entrée de la montagne. Ses murs sont percés de meurtrières pour faire le coup de fusil, et la nuit les troupeaux sont gardés par des arabes armés et par des soldats. J'y ai remarqué de belles eaux, une petite pépinière d'arbres assez verts ; autour de la maison on a planté, en plein champ, une vigne qui m'a paru assez rabougrie, plus loin, quelques mûriers qui viennent assez bien, et devant la porte d'entrée un champ d'artichauts de chétive apparence. En résumé, j'ai emporté une triste idée de cette ferme, dite *modèle*, qui est tellement parcourue et ravagée par les arabes, que, peu de jours avant notre visite, dans les commencements de septembre 1838, ils avaient enlevé un troupeau de bœufs tout entier [1] dans un pâturage voisin.

En quittant la ferme-modèle, nous poussâmes jusque sur les bords de la rivière, nommée, je crois, le Oued-el-Kerma. C'est un lieu célèbre dans les fastes de notre armée ; nous y cueillîmes force lauriers roses en fleurs ; nos soldats et mon conducteur en

---

[1] Les arabes sont fort déliés, et quand un vol de cette nature est commis, comme ils savent très-bien qu'on parviendrait à découvrir la tribu qui en a recelé le produit, un d'entr'eux se présente avant les poursuites commencées, et offre de faire rendre le troupeau pour un salaire honnête. Le propriétaire qui craint de tout perdre, donne volontiers vingt bœufs pour cent ; et, moyennant cette prime, le négociateur ramène le reste, et partage ensuite, en toute sécurité, avec les premiers voleurs.

avaient moissonné bien d'autres dans ces parages. Nous revînmes sur nos pas après avoir traversé le pont, et nous nous engageâmes dans la montagne.

## § VII.

Après avoir parcouru plusieurs coteaux et plusieurs ravins aussi sauvages les uns que les autres, nous descendîmes vers un café more, au-devant duquel se trouve un bassin rempli des plus limpides eaux. Des arabes fumaient leurs pipes et prenaient leur café devant la porte. Ce lieu est vraiment délicieux, entouré, qu'il est, de charmantes maisons de campagne. Je crois qu'il se nomme Bensiam.

Après l'avoir visité, nous coupâmes sur la droite, courant au galop dans un sentier rapide et tout rocailleux, et nous retombâmes encore dans le désert.

Tout-à-coup, les sons harmonieux d'une musique guerrière vinrent frapper nos oreilles, et je reconnus bientôt l'ouverture du *Siège de Corinthe*, de Rossini, parfaitement exécutée; nous gravîmes la montagne, et arrivâmes en un instant sur le plateau de Boudreba, près de la maison du brave colonel de la légion étrangère. Nous trouvâmes ce vieux guerrier occupé à faire répéter ses musiciens, qu'en sa qualité d'allemand, il dirige avec beaucoup d'habileté. Le colonel mène tout-à-fait la vie du soldat laboureur : il habite une modeste maison avec sa famille, à deux pas du camp; au-devant de sa porte, on a pratiqué une esplanade, où il réunit tous les soirs ses musiciens, tandis que sa fille cultive des fleurs, tout près, dans un petit jardin, où elle va chercher l'ombrage sous des bosquets de cactus, dont l'hospitalité est, toutefois, assez dangereuse. Le colonel et sa demoiselle nous reçurent fort bien, et nous écoutâmes avec plaisir plusieurs morceaux de musique, entr'autres, l'ouverture des *Puritains*, puis nous prîmes congé de nos aimables hôtes, après avoir sablé, à leur santé, un verre d'excellent vin de Bordeaux.

Le camp occupé par la légion étrangère est tout près de là; nous le parcourûmes à cheval. Ce point militaire est tout-à-fait à la cime de la montagne, et la vue en est magnifique. On est à une lieue d'Alger, dominant la belle plaine d'Hussem-Dey, celle de Mustapha, avec ses coteaux verdoyants couverts de jolies maisons de campagne, et Alger sur le dernier plan du tableau, encadré par une mer sillonnée par mille bateaux de pêche et par les navires qui arrivent joyeux de la mère patrie ou qui vont la revoir. Ce coup d'œil est ravissant.

## § VIII.

Il nous restait à visiter le fort l'Empereur, dont

il a été si souvent question lors de la conquête, et comme j'étais assez heureux pour me trouver avec un témoin oculaire de la prise d'Alger, je profitai bien volontiers de cette bonne fortune. Nous y arrivâmes après avoir fait un grand détour et salué en passant la colonne élevée en l'honneur du général Voirol, et qui porte son nom, en souvenir d'une route qu'il a fait exécuter. Nous nous trouvâmes bientôt en face du fort l'Empereur : cette citadelle, qui plane sur Alger et lui commande en maître, est elle-même dominée par le sommet de plusieurs mamelons voisins, du haut desquels on peut la foudroyer aisément.

M. de Bourgon me conduisit au lieu même où était établie la plus terrible des batteries de siége, et nous y arrivâmes, par parenthèse, en traversant le terrain sur lequel était campé le 20ᵐᵉ de ligne, commandé alors par le brave colonel Horric, notre compatriote.

Cette batterie, séparée du fort par un ravin profond, en était si rapprochée, que les artilleurs français protégés seulement par des ouvrages en terre, auraient dû être foudroyés par les canons algériens.

Dès qu'on arrive en face du fort l'Empereur, on est tout surpris de voir qu'il ait été si mal placé par rapport aux éminences voisines ; j'en manifestai mon étonnement, et l'on me répondit par l'étymologie de son nom.

« Ce fort se nomme l'*Empereur*, en mémoire de
» Charles-Quint, qui, pendant le siége d'Alger et
» en attendant l'arrivée des vaisseaux qui devaient
» embarquer ses troupes dont les efforts avaient
» échoué devant Alger *la guerrière*, se retrancha
» dans ce lieu. Après le départ des espagnols, le dey
» alors régnant, plein de confiance dans le mérite
» militaire du plus grand capitaine de l'époque, crut
» mettre sa capitale hors de toute atteinte en bâtis-
» sant une citadelle à la place du camp de Charles-
» Quint, et la nomma le fort l'*Empereur*. »

Il est si facile de l'attaquer, qu'en peu de temps, nos soldats y pratiquèrent une brèche assez considérable. Tout le monde sait qu'au moment où l'on formait les colonnes d'assaut et où l'on préparait les échelles, une partie considérable de la citadelle sauta en l'air avec une explosion épouvantable, ce qui dispensa nos soldats d'un assaut bien périlleux sans doute. Il me fut facile de m'en convaincre; car, pour aborder le fort, nous prîmes la route qu'auraient dû suivre les assaillants, avec cette différence, toutefois, que nos chevaux marchaient dans un sentier frayé depuis, tandis qu'alors, autant eut valu descendre dans une fondrière. Nous traversâmes une fausse vallée que nos soldats, après l'explosion, trouvèrent jonchée de têtes, de jambes, de bras et de lambeaux sanglants, et du fond du ravin nous mesurâmes de l'œil la hauteur et l'escarpement du terrain à parcourir, pour arriver jusqu'au pied de la muraille ; c'eût été un travail presque surhumain. Après avoir long-temps tourné autour, nous pénétrâmes enfin au milieu de l'enceinte, que nous trouvâmes gardée par une compagnie d'infanterie, sous le commandement d'un capitaine.

On ne s'attend pas, sans doute, à trouver ici une description stratégique à la manière de Vauban et du maréchal de Saxe ; je me contenterai de dire que, du haut du fort l'Empereur, on règne véritablement sur l'Algérie, et que le dey d'Alger aurait dû établir sa casba dans cette citadelle pour la mettre à l'abri de tout coup de main.

Le fort est dans l'état où les turcs l'ont laissé. Au milieu se trouve un massif de terre et de pierre ; c'est la partie qui fit explosion en 1830. Quand je visitai le fort, les pièces de canon n'étaient pas même sur leurs affûts, et ce qui me parut plus surprenant encore, c'est que la brèche faite par nos batteries n'a point été réparée : on s'est contenté d'élever un simple mur de deux pieds d'épaisseur, qui sert à empêcher les arabes de pénétrer dans le fort.

## § IX.

On communique avec la casba par un chemin que les français ont construit, et qui se rend vers la porte neuve ouverte également depuis la conquête. Ce chemin conduit à deux rampes magnifiques tracées par le génie militaire et qui descendent en serpentant de chaque côté d'Alger, depuis la cime de la montagne, celle de droite à la porte Bab-Azoun, et celle de gauche à la porte Bab-el-Oued. C'est le plus magnifique ouvrage que l'on ait fait en Algérie. En suivant ces rampes on s'aperçoit qu'Alger est renfermé par un simple mur d'enceinte, s'élevant en dedans du fossé et ne présentant aucune défense pour la place.

Nous prîmes la rampe de Bab-el-Oued qui nous conduisit à l'Hôpital du dey, ainsi nommé, parce que le général Rovigo le fit construire au milieu de ses jardins. C'est une dévastation à déplorer, car ils étaient magnifiques, si l'on en juge par ce qui reste : j'y ai encore admiré des orangers en pleine terre, qui ont bien 20 pieds de haut, des palmiers, des grenadiers, des bananiers, des géraniums, des myrthes grands comme des arbres, constamment arrosés par les plus belles eaux. Maintenant ces bosquets délicieux sont remplacés par d'ignobles baraques, que l'on pouvait si bien porter au-delà, en conservant ces magnifiques allées pour la promenade des soldats malades, et pour les habitants qui n'en ont pas d'autres : mais, le vandalisme l'avait condamné, et le jardin du dey n'existe plus.

En revenant vers Alger, on rencontre un fort qui fait le pendant de celui de Bab-Azoun, dont j'ai parlé plus haut ; il se nomme *le fort de vingt-quatre heures*. Son nom lui vient, dit-on, de ce que les anglais ne purent le conserver qu'un jour ; ou plutôt, et cette dernière étymologie est plus dramatique, de ce que, pendant une révolution militaire dont j'ignore la date, sept deys furent successivement proclamés et décapités par les janissaires dans l'espace de vingt-quatre heures. Grâce à de grands travaux de nivellements, le fort va se trouver isolé au milieu d'une vaste place propre aux évolutions militaires. Ces terrassements sont exécutés par les soldats condamnés aux travaux publics. Ils possèdent en face du fort un joli jardin qu'ils ont créé et qu'ils cultivent avec soin ; leur caserne est située dans les fossés de la ville, au-dessous de la porte Bab-el-Oued.

# CHAPITRE VI

UN VOYAGE AU CAMP DU FONDOUC, A CARRA-MUSTAPHA ET DANS L'ATLAS.

§ I<sup>er</sup>

Je n'avais encore parcouru que les alentours d'Alger, et partout j'avais trouvé des traces du passage des français qui ont altéré la véritable physionomie africaine, lorsque M. le colonel de Bourgon, avec son obligeance accoutumée, me proposa une excursion jusque dans les premières ramifications de l'Atlas; ce que j'acceptai avec grand plaisir, espérant saisir la nature sur le fait, et voir les arabes dans leur état tout-à-fait sauvage.

Comme la course était longue et que nous devions parcourir beaucoup de pays, nous partîmes de bonne heure d'Alger, et nous cheminâmes jusqu'à la Maison-Carrée, sans rien voir de nouveau. Arrivés sur ce point, après avoir changé de chevaux, nous entrâmes dans la plaine de la Mitidja : en suivant la route du Fondouc, elle se déroule de chaque côté à une grande distance; ce point est, je crois, celui de sa plus grande largeur; de la Maison-Carrée au Fondouc, on compte cinq ou six lieues.

La plaine est entièrement nue, sauf de temps en temps des bouquets de figuiers de Barbarie et quelques arbres bien clair-semés : c'est dans leur voisinage que les bédouins dressent leurs tentes; car, pendant trois mois de l'année, ils se nourrissent presqu'exclusivement de leur fruit [1]. La plaine est encadrée dans les montagnes de l'Atlas, qui s'élèvent

---

[1] La figue de Barbarie est de la grosseur et de la forme d'un œuf, sa couleur d'un rouge-pâle; elle est couverte d'épines acérées et si fines, qu'elles pénètrent partout; il faut prendre bien garde de ne pas la toucher avant qu'elle ne soit dépouillée. Les arabes la cueillent à l'aide d'une branche d'arbre pliée en deux; ils enlèvent les extrémités du fruit avec leur couteau, puis la fendant par le milieu, ils la dégagent ainsi de son enveloppe. Elle contient intérieurement une substance gélatineuse assez fade au goût.

à une grande hauteur, et elle est si unie que l'on se croit tout près du point vers lequel on se dirige, tandis que plusieurs lieues vous en séparent encore. En marchant vers le Fondouc, on a la mer à sa gauche, et dans le fond, à droite, la ville de Bélida, à une douzaine de lieues. Les arabes sèment du blé dans la plaine, mais ils ne cultivent que les terres avoisinant leur tribu; tout le reste demeure inculte, et ils y envoient leurs troupeaux.

A une lieue de la Maison-Carrée, nous aperçûmes, un peu sur le côté de la route, une douzaine de tentes faites en toile de poil de chameau, dont l'aspect me parut fort misérable. Des enfants demi-nus s'approchèrent de nous, en criant : *dis donc soldi*, paroles qu'ils adressent à tous les français [1], et nous offrirent à boire du lait.

Cette agrégation de tentes formait ce qu'on appelle une tribu. Nous aperçûmes quelques femmes qui ne prirent point la fuite à notre approche,

[1] Les arabes ont observé que, très-souvent, les français, dans leurs interpellations, employaient les mots *dis donc*, un tel, et ils ont cru que ces mots étaient le nom de tous les français, aussi les leur adressent-ils toujours, quand ils ont affaire à eux. Je me souviens qu'à une fête arabe, près d'Oran, traversant un groupe de cavaliers, j'entendis prononcer le mot *dis donc* très-distinctement; je tournai la tête, et vis un arabe qui me faisait signe de lui ramasser un morceau de papier pour bourrer son fusil; trois ou quatre autres m'apostrophèrent dans les mêmes termes, pendant ma promenade au milieu d'eux.

contre leur habitude ; nous nous approchâmes de leurs habitations, et peu à peu elles vinrent toutes au-devant de nous. Cette conduite si différente de leurs mœurs ordinaires, nous fut expliquée par l'*absence* de leurs maris qui se trouvaient alors au marché du Fondouc ( il n'y avait qu'un vieux bédouin dans la tribu), et me confirma dans l'idée que les femmes ne demanderaient pas mieux que de socier avec nous.

Je descendis de cheval, et je me trouvai alors au milieu d'une douzaine de véritables sauvages : ces femmes étaient laides et repoussantes ; j'en remarquai une seule qui avait de très-beaux yeux noirs. Comme elles ne sont jamais attachées ni lacées, elles deviennent bientôt épaisses et charnues outre mesure. Ces bédouines paraissaient demi-nues, ce qui, au reste, les occupait fort peu ; elles n'avaient pour tout vêtement que de misérables haillons, retenus sur chaque épaule par de larges agrafes en argent ; elles étaient nu-tête, ayant les cheveux en désordre, et sans chaussure aux pieds ; un troupeau d'enfants et de chiens hurlants les accompagnait.

Si l'aspect de ces femmes me parut surprenant et bizarre, leur ébêtement de me voir alla presque jusqu'à la stupidité. Elles avaient bien  vu, de temps à autre, passer quelques militaires, mais mon costume *éminemment bourgeois* leur sembla tout-à-fait nouveau ; aussi se mirent-elles à me tourner et à me retourner tout à leur aise : les unes levaient les basques de mon habit, d'autres en détournaient les revers pour voir mon gilet, et ce qu'il y avait dans mes poches. En même temps je sentais une main toucher mon chapeau, une autre mes gants; elles me traitaient, en un mot, comme des singes auraient fait d'une tabatière qu'ils n'eussent pu ouvrir, assaisonnant leur inspection d'un baragouin auquel le diable n'aurait rien compris. Pendant cet examen, le colonel qui était resté à cheval riait comme un bienheureux.

La vue de ma montre, que je ne leur laissai pas toucher, et dont le bruit continu frappa leurs oreilles, tandis que les aiguilles marchaient toutes seules, sembla les remplir d'admiration; mais ce qui les amusa le plus, fut un lorgnon que je portais pendu au cou. Elles ne revenaient pas de me voir les regarder avec; aussi, fort désireuses de savoir ce que pouvait faire sans cesse de cet instrument un homme qui avait, en apparence, les yeux faits comme les autres, s'en emparèrent-elles et se mirent-elles à se regarder attentivement; mais ce qu'il y avait de fort plaisant, c'est qu'appuyant le lorgnon sur l'extrémité du nez, leurs yeux passaient par-dessus les verres, et leur étonnement de ne

13

rien voir de plus que sans le lorgnon, venait se peindre sur leurs figures, aux grands éclats de rire de leurs compagnes et d'elles-mêmes.

Cette scène comique me rappela l'inventaire que les Lilliputiens font du mobilier trouvé dans les poches de Gulliver, et, sauf la dimension, ils ne sont pas plus étonnés que n'étaient mes bédouines.

J'en avisai une qui portait au doigt une grosse bague, et je lui fis signe de me la montrer; elle ne se le fit pas dire deux fois, et l'ôtant aussitôt, elle me la remit sans se faire prier.

C'était une bague d'argent, dont le chaton brisé avait perdu la pierre qui jadis lui servait d'ornement. Je portais un assez joli diamant, dont l'éclat avait frappé cette femme, si bien qu'elle me fit comprendre que, si je voulais, nous changerions, bague pour bague. La proposition n'était pas acceptable, et j'avoue que je n'imitai pas sa confiance en lui présentant mon anneau; car si elle eut pris la fuite avec mon brillant, il eût peut-être été dangereux de chercher à le ravoir de vive force. Je me contentai de lui abandonner la main, et elle considéra le bijou tout à son aise, en répétant plusieurs fois le mot *bono*, qui est très-familier aux arabes, quand ils veulent faire comprendre aux français qu'une chose leur paraît bonne et belle.

Leurs tentes n'avaient rien de curieux : à la porte,

une pierre pour cuire les galettes et broyer le couscoussou, au-dedans, quelques haillons, des nattes, des armes et des harnais de chevaux. Au reste, le lecteur trouvera dans le cours de cet ouvrage la description complète d'une tente arabe, ce qui me dispense d'entrer ici dans de plus grands détails.

## § II.

Après avoir tout examiné à loisir, nous continuâmes notre marche. Il était environ dix heures du matin ; le soleil, dans toute sa force, nous tombait d'aplomb sur la tête, et la faim commençant à se faire sentir, nous songeâmes à chercher pour déjeûner l'abri de quelques arbres, ce qui est fort rare dans la plaine de la Mitidja, et nous nous dirigeâmes vers l'entrée d'une tribu beaucoup plus considérable que la première. A notre approche, les femmes se sauvèrent sous leurs tentes, en emportant leurs enfants. Nous nous arrêtâmes à l'ombre de quelques jujubiers, et nous étalâmes nos provisions sur la terre nue. Plusieurs arabes s'approchèrent de nous d'un air assez bénin, ce qui n'empêcha pas le colonel d'ordonner à ses chasseurs de faire bonne garde.

Nous étions occupés à déjeûner depuis un quart d'heure, donnant de petits morceaux de pain aux enfants qui les croquaient très-volontiers, lorsqu'un mouvement s'opéra dans l'intérieur de la tribu. Nous nous aperçûmes qu'on faisait rentrer les chevaux qui rôdaient autour des tentes. Un instant après, les bédouins, qui se tenaient devant nous, se séparèrent en deux, de manière à nous démasquer en plein, et eurent l'air de jeter les yeux au fond de la tribu, comme s'ils eussent attendu une démonstration. Nous pensâmes alors que nous allions être attaqués, et le colonel donna ordre à ses deux ordonnances de se tenir prêtes à faire feu. Je n'avais aucune arme, pas même de cravache, et je me serais jeté sur le fourreau du sabre du colonel; mais rien ne parut, et nous terminâmes notre déjeûner le plus tranquillement du monde, puis nous fîmes la garde à notre tour, pendant que les chasseurs déjeûnaient.

Nous ne vîmes qu'une seule femme fort jeune qui pouvait avoir quinze ans; elle rôdait honteusement le long des tentes, et pour la faire venir jusqu'à nous, je lui offris plusieurs fois une pièce d'argent, en criant : *soldi*. Elle approchait, et me faisait signe de lui jeter la pièce, mais n'osait venir jusqu'à moi; et comme je voulais absolument la voir de près, je lui faisais comprendre de mon mieux qu'il fallait venir la chercher. Elle avançait un peu, reculait en faisant les mines les plus drôles;

pendant ce temps-là, nous donnions des *soldi* aux petits bédouins, et la pièce d'argent était toujours là, en permanence pour la bédouine. Enfin, elle s'enhardit jusqu'à venir la prendre dans ma main; je voulus la saisir par le bras, mais elle disparut comme un éclair, aux éclats de rire des arabes que cette pantomime amusa beaucoup.

## § III.

Nous quittâmes bientôt la tribu pour nous rendre au Fondouc. Nous ne rencontrâmes, le reste du chemin, que des caravanes de bédouins revenant du marché. Pour leur faire exécuter des charges brillantes et rapides, nous n'avions qu'à les regarder et puis pousser des houras, ils partaient alors comme des balles, se défiant les uns les autres à la course. Nous arrivâmes au pied du camp sur les midi. Là un spectacle nouveau nous attendait; c'était jour de marché au Fondouc : il y avait bien près de mille arabes réunis, quoiqu'il fût déjà tard; ils étaient installés sur une esplanade à côté de la rivière Hamiz.

Les bédouins se réunissent dans ce lieu, tous les jeudis, pour vendre leurs denrées aux soldats français, et pour s'approvisionner de tout ce qui leur est utile dans leurs montagnes. On voyait de toutes parts des chevaux attachés, des chameaux couchés ; les bédouins avaient apporté de la volaille, des œufs, du gibier, des raisins et des figues de barbarie ; et, en retour ils achetaient du fil, des aiguilles, des peignes, des étoffes grossières, que d'autres bédouins ou des juifs leur vendaient. Je comptai au moins trente tentes en toile, dans lesquelles se trouvaient les marchands. Je ne remarquai pas un seul objet digne d'être mentionné ; quelques arabes, seulement, portaient à la ceinture d'assez beaux yatagans.

Ce qui fixa le plus mon attention, en entrant au marché, fut un grand étendard planté au milieu, à la porte d'une tente plus belle que les autres, et où se tenaient assis quelques arabes à l'air noble et majestueux. Je crus d'abord que le cadi avait établi son tribunal au milieu du marché, pour juger les différends et concilier les parties à coups de bâton, suivant l'usage ; mais j'appris bientôt que les marabouts ou prêtres voisins étaient venus inviter les vrais croyants à une fête arabe très-renommée dans le pays, et qui devait se célébrer dans trois semaines, à peu de distance du Fondouc. Le matin ils avaient fait des processions en chantant au milieu du marché, en manière d'invitations, et ils devaient les renouveler pendant trois marchés consécutifs.

## § IV.

Après avoir tout examiné à notre aise, nous montâmes au Fondouc. Le camp est au haut de la première montagne et dominant la Mitidja.

En avant se trouve une rue formée par les baraques des soi-disant colons, qui vendent du vin aux soldats et tiennent des guinguettes. Le camp est entouré de fossés et de murs en terre et protégé par quelques pièces de canon ; du reste il n'était pas fini lorsque je le visitai : nous y trouvâmes pour commandant M. le lieutenant-colonel Changarnier, si connu par sa belle conduite à la prise de Constantine ; c'est un officier supérieur très-remarquable, qui nous accueillit avec la dernière bonté.

Sur l'observation de M. de Bourgon, que je désirais visiter le camp de Carra-Mustapha et voir de près quelques tribus de l'Atlas, non-seulement M. Changarnier nous fit donner des chevaux, mais il eut la complaisance de nous accompagner, ainsi que plusieurs officiers de son état-major. Nous suivîmes pendant trois quarts d'heure des chemins affreux à travers les ravins et les montagnes, et nous parvînmes ainsi jusqu'au camp de Carra-Mustapha. Nous passâmes, en nous y rendant, près d'une tribu de coulouglis [1]. Nous le visitâmes dans le plus grand détail; il nous parut d'une propreté et d'une élégance remarquables. Les soldats y sont logés dans des baraques en bois comme au Fondouc. Ce camp était déjà entièrement terminé.

Après l'avoir parcouru dans tous les sens, nous montâmes vers le Blockhaus [2] qui se trouve au-dessus; c'est le point le plus avancé, occupé par nos troupes entre Alger et Bougie.

Ce point qui se trouve à une hauteur prodigieuse, jouit d'une vue immense. On est là, dans les premières ramifications de l'Atlas. L'œil ne rencontre

---

[1] On nomme coulouglis, en Afrique, les enfants nés d'un turc et d'une moresque, ou d'un more et d'une femme turque; ils sont aussi mal vus que les enfants des blancs et des nègres en Amérique.

[2] Un blockhaus est une construction carrée, en planches, élevée à dix pieds de haut, sur un piédestal carré, mais moins large. Cette construction ressemble assez aux moulins à vent de certains pays. On y monte au moyen d'une échelle, que l'on tire après soi dans l'intérieur. De tous côtés sont percées des meurtrières pour faire feu, sans danger, sur l'ennemi.

Le blockhaus est ordinairement placé dans une enceinte entourée de fossés et de remparts en terre, et protégée par des pièces de canon. Les soldats défendent d'abord la redoute, et ne se réfugient dans leur citadelle qu'à la dernière extrémité. Une fois renfermés, ils sont inexpugnables, à moins que l'on ait du canon.

On a vu souvent les arabes chercher à renverser les piliers du piédestal, en les ébranlant, et mourir fusillés à bout portant par les soldats.

Un blockhaus peut en contenir cinquante.

pour perspective que des montagnes et des vallées profondes. Rien n'est triste, sauvage comme ces lieux. Les incendies allumés par les arabes sur les versants, ajoutent encore à l'horreur de ces solitudes. C'est pour augmenter le nombre de leurs pâturages que les bédouins ravagent par le feu le flanc des montagnes et détruisent ces belles forêts [1].

Les tribus sont très-nombreuses dans les montagnes, et les hommes y sont beaucoup plus robustes et plus courageux que ceux de la plaine. C'est un peu plus loin en effet que l'on trouve les cabaïles de Bougie, les plus redoutables de tous les indigènes. Tout le monde sait d'ailleurs que ces hommes ne sont autres que les anciens Numides, peuplades indomptables que les romains eux-mêmes ne purent parvenir à subjuguer.

Nous passâmes devant plusieurs tribus, et à notre approche les femmes se sauvèrent en se cachant la figure et en poussant de grands cris. Nous cheminâmes ainsi toujours par monts et par vaux. Ce fut du haut d'une de ces éminences que le colonel Changarnier me fit distinguer au fond de la vallée un sentier fort étroit et battu par les chacals, en me

---

[1] On y trouve des singes en assez grand nombre. A mon passage à Carra-Mustapha, je vis une femelle de ces animaux allaitant un petit ; elle paraissait fort triste de sa captivité.

l'indiquant comme *la grande route* d'Alger à Constantine.

Les montagnes sont si élevées, que le sentier et le versant opposé nous paraissaient très-rapprochés, tandis qu'ils étaient réellement à une très-grande distance.

Nous nous trouvions dans cet endroit sur les limites des possessions françaises, suivant le traité Bujeaud, et les officiers qui nous accompagnaient disaient tous que l'interprétation de cette partie du traité de la Tafna finirait par rallumer la guerre entre les français et Abd-el-Kader.

§ V.

On avait signalé le matin au colonel l'apparition soudaine, au milieu d'une tribu puissante, d'une tente en toile; et en sa qualité de commandant supérieur de cette partie de la plaine, M. Changarnier désirait savoir par lui-même ce que cette démonstration pouvait signifier. Nous nous dirigeâmes donc vers la tribu. Les femmes se sauvèrent encore à notre approche, et nous trouvâmes deux cents hommes environ assis par terre et faisant cortége au caïd de la plaine. Ce haut personnage qui commande aux tribus d'alentour, s'était rendu dans ce lieu pour procéder à la circoncision d'un des fils du Scheick de la tribu.

Les bédouins se levèrent à notre arrivée, et nous reçurent assez bien. Le colonel qui avait amené un interprète arabe s'éloigna du groupe pour conférer avec le caïd. M. Changarnier jouit de beaucoup de considération dans le pays, et son influence y est telle, qu'on lui avait ramené, peu de jours avant notre visite, trois soldats déserteurs de la légion étrangère, qui étaient déjà parvenus à quinze lieues du camp.

Pendant les pourparlers des deux plénipotentiaires, je mis pied à terre pour faire l'inspection de la tribu.

Les habitations des bédouins de la montagne ne ressemblent pas du tout à celles des arabes de la plaine. Ici la tente de poil de chameau est remplacée par la hutte en branches d'arbres; chaque famille est renfermée dans une enceinte de palissade qui sert de cour pour les volailles et les bestiaux, et chaque couple possède ensuite dans cette cour sa cabane particulière. C'est de la réunion de ces diverses enceintes que se forme la tribu, gardée par une innombrable quantité de chiens hargneux et criards. Au-devant des cabanes se trouve une esplanade servant de place publique. Je n'ai point pénétré dans l'intérieur des huttes, mais à travers les palissades, et les branches qui les composent, on voit à peu près tout ce qui s'y trouve. Cet intérieur ressemble assez à celui des tentes, mais il paraît *très-confortable* et plus *comme il faut*, les tribus étant plus riches et plus puissantes.

Restait la tente en toile où devait avoir lieu la cérémonie; je grillais d'envie de l'explorer. Je me couchai presque à plat ventre, mais je ne vis dans l'intérieur qu'un tapis étendu par terre, et à côté une large pierre où devait, sans doute, se consommer le sacrifice. Je sais que les mores d'Alger se servent de ciseaux d'or pour pratiquer l'amputation.

La présence inaccoutumée de la tente en toile me confirma dans la pensée que ces arabes n'avaient aucun temple religieux, et je ne vis en effet aucune trace de culte extérieur dans cette tribu ni dans les autres. Nous avions seulement rencontré, chemin faisant, plusieurs cimetières plantés d'arbres, et on nous assura que les arabes avaient la plus grande vénération pour la cendre de leurs pères.

Quand la conférence diplomatique fut terminée, M. Changarnier adressa aux autres arabes quelques paroles par l'intermédiaire de l'interprète. Le colonel ayant remarqué qu'un jeune bédouin était malade, l'engagea à venir au camp réclamer les secours de nos médecins, qui les traitent avec le plus grand zèle et le plus grand désintéressement. La conversation roula entr'autres sur la séquestration de leurs femmes. M. Changarnier leur dit qu'en France elles étaient toutes libres, et que s'ils voulaient venir dans son département, il leur ferait voir la sienne sans aucune difficulté. Il ajouta en plaisantant que dans notre pays, il arrivait bien aux maris certains désagréments, mais que le leur n'en était sans doute pas tout-à-fait exempt, malgré leurs précautions, ce qu'ils avouèrent en faisant un signe affirmatif de la tête, et en riant beaucoup.

Après ce petit moment de gaîté, nous prîmes congé des bédouins, qui nous offrirent, suivant l'usage, de préparer le couscoussou [1]; nous les remerciâmes, car il était déjà tard. J'aurais bien voulu assister à la cérémonie religieuse, mais il fallut partir. En traversant la tribu, nous aperçûmes les femmes qui, de l'intérieur de leurs huttes, faisaient tous leurs efforts pour nous regarder passer, pendant que les chiens nous étourdissaient de leurs aboiements. Nous arrivâmes au Fondouc à cinq heures, après avoir suivi des chemins tout-à-fait impraticables, et sans aucun accident.

Le colonel nous traita de la manière la plus courtoise : sa musique nous fit entendre de jolis morceaux pendant le dîner, qui eut lieu sous une cabane de branches de lauriers roses, et tous ces messieurs

---

[1] On trouvera dans le cours de cet ouvrage la description de ce ragoût qui, du reste, est fort peu appétissant.

rivalisèrent de bonne grâce et de complaisance. Nous passâmes la nuit blanche dévorés par des myriades de puces. Ces insectes sont innombrables en Afrique[1].

Le lendemain matin je voulus aller seul et sans armes visiter une petite tribu campée à deux pas sous le canon du camp, et je faillis être dévoré par des chiens qui, sans le secours des arabes, m'auraient mis en pièces. Notre retour ne fut signalé que par une forte pluie qui nous accompagna presque jusqu'à Alger, et je pris congé de M. de Bourgon, qui avait été plein de bontés pour moi pendant nos excursions dans la Mitidja, et qui trouvera ici, s'il vient jamais à lire ces lignes, la preuve de ma reconnaissance et le témoignage sincère de mes remercîments.

[1] Les officiers français de l'armée d'Afrique sont loin d'avoir toutes leurs aises au milieu des camps. On peut en juger par le logement du colonel commandant au Fondouc, qui se compose d'une cabane en planches avec une table et un banc, de deux chaises et un lit derrière une cloison. Comme il n'y a pas de tuiles, et que la grande chaleur fait disjoindre les planches, il y pleut presque comme dehors, pendant la mauvaise saison.

# CHAPITRE VII

UN VOYAGE A BELIDA, EN DILIGENCE.

## § I<sup>er</sup>

Ce n'est plus à cheval, cette fois, et au travers des précipices impraticables que j'ai fait cette dernière excursion dans la province d'Alger, mais tout simplement comme on va de Paris à Pontoise, sur une belle route et en diligence; j'étais libre même de prendre la *concurrence*, pour peu que j'y eusse trouvé de plaisir, car, tous les matins, il part deux voitures pour Del-Ibrahim, Douera, Bouffarik, Béni-Méret, Belida inférieur, et Belida supérieur.

On voit par cette nomenclature que nous avons six camps dans cette direction, et nous n'en sommes pas mieux gardés pour cela, sans qu'il y ait de la faute de nos soldats, qui font dans ces parages le plus rude métier.

Je partis d'Alger le matin à huit heures, et à peine sortis de la ville nous commençâmes à gravir lentement la montagne ; il nous fallut deux heures pour arriver jusque sur la hauteur. Nous cheminâmes jusqu'au village de Del-Ibrahim, en suivant une belle route bordée de jolies maisons de campagne et de quelques petits camps, notamment celui des Spahis d'Alger. Chemin faisant, nous aperçûmes tout près de la route, à côté d'une fontaine, un arabe qui, pour faire ses ablutions plus commodément, s'était mis entièrement nu. Cette découverte nous fit beaucoup rire, car nous étions loin de penser qu'il fallût se mettre le derrière à l'air pour être agréable à Mahomet.

Nous arrivâmes sur les onze heures à Del-Ibrahim. Le village, chef-lieu de cette commune, a été bâti par les colons qui sont en grande partie allemands ; c'est, à bien prendre, le seul qui existe dans la banlieue d'Alger, et les colons qui travaillent fort peu la terre, quoique le sol soit assez fertile, n'y sont fixés que par suite du voisinage du camp qui leur permet de vendre du vin et de l'eau-de-vie d'absinthe aux soldats ; car, je ne saurais trop le répéter, en fait de colons, je n'ai vu en Afrique que des cabaretiers. Au moment de mon passage on venait de leur supprimer les vivres de campagne, qui ne sont alloués qu'aux véritables travailleurs.

Malgré leur voisinage du camp, ils ont souvent été pillés et massacrés dans des *rasias* par les arabes [1]. La même baraque en planches sert de mairie et de maison d'école.

## § II.

A partir de Del-Ibrahim, jusqu'à Douera, on ne voit que des montagnes désertes traversées par une belle route que protègent quelques blockhaus installés sur leurs crêtes, et bientôt après on arrive au camp de Douera. Une rue formée de chaque côté de la route par des cabanes en planches, le précède. Comme le camp est plus considérable que ceux dont j'ai déjà parlé,

---

[1] On nomme *rasias*, en Afrique, les excursions que les corsaires exécutaient sur les côtes d'Espagne et d'Italie, et pendant lesquelles, ils faisaient *table rase*, en dévastant les propriétés et en enlevant les femmes, les enfants, les bestiaux, et tout ce qui leur tombait sous la main. Les populations trop faibles avaient élevé sur la côte, de distance en distance, de petites tourelles où on allumait des feux pour avertir les habitants de se réfugier dans les endroits fortifiés. On en voit encore des ruines sur les côtes des Baléares, en arrivant à Mahon.

on y jouit de plus de ressources pour la vie que dans les autres : j'y ai vu des boulangers, des épiciers, et plusieurs billards; les bédouins y viennent vendre aux soldats des figues de Barbarie et des raisins que j'ai trouvés excellents.

Le camp bâti sur la hauteur, est occupé par de l'infanterie et un escadron de Spahis ; il m'a paru parfaitement tenu et entièrement terminé. Comme l'air y est très-pur, on y a construit un hôpital pour tous les camps de la plaine, et notamment pour la garnison de Bouffarik, qui l'occupe en grande partie.

Un peu au-dessus du camp se trouve une redoute très-élevée, de laquelle on aperçoit toute la plaine de la Mitidja. La vue est très-étendue et fort belle. L'observateur faisant face au midi, a Alger derrière lui, le Fondouc au nord-est, Coléah la Sainte[1] au sud-ouest, Bouffarik et Belida à peu près au sud. C'est de ce point qu'on peut se faire une idée de cette fameuse plaine de la Mitidja, dont les journaux ont tant parlé, qu'ils ont représentée se couvrant de villages français, ce qui faisait que le ministre demandait le plan et le nombre des clochers bâtis dans la plaine [2].

[1] Cette ville est ainsi nommée, parce que les arabes l'ont en grande vénération.

[2] Je tiens ce fait d'un très-haut et très-grave fonctionnaire de la régence.

La Mitidja [1] était le grenier des romains, et partant de cette donnée, on s'est figuré qu'il n'y avait qu'à venir en Afrique, pour récolter les plus riches moissons. Mais on s'est bien trompé, car il faut combattre dans la plaine des difficultés de toutes sortes : d'abord les arabes, et surtout les hadjoutes, qui arcèlent constamment les colons et les obligent à sortir toujours armés [2], car à deux lieues d'Alger, un homme seul et sans armes est certain d'être assassiné, et il est difficile de faire de l'agriculture sous le yatagan du bédouin. L'homme a besoin de l'espérance de jouir de ses travaux, et ce n'est qu'à l'ombre de l'olivier qu'on peut tresser la couronne d'épis de Cérès.

Trois jours après mon retour dans la capitale de la régence, deux malheureux colons furent égorgés sur la route que je venais de parcourir, à une lieue d'Alger et au milieu de trois camps français.

La main-d'œuvre est très-chère, car les arabes ne veulent travailler à aucun prix ; il leur faut si

---

[1] La Mitidja peut avoir dix-huit lieues de long sur six dans sa plus grande largeur.

[2] Entre Douera et Bouffarik on voit sur la gauche, à peu de distance de la route, une maison crénelée, percée de meurtrières et entourée de palissades pour en défendre l'entrée. C'est un colon qui l'habite avec douze domestiques, et il y monte la garde la nuit comme dans une citadelle, ce qui ne l'empêchera pas d'être assassiné quelque jour.

peu de chose pour vivre, qu'ils se contentent de se battre et de faire l'amour, laissant aux femmes le soin de la culture des terres. Mais, ce qu'il y a de plus terrible, c'est le climat.

La plaine est décimée tous les ans par des fièvres endémiques, qui emportent la moitié de la population et sont dues aux eaux croupissantes qui séjournent faute de pente, et laissent échapper les exhalaisons les plus pestilentielles. La Mitidja est entourée de hautes montagnes qui viennent y déverser toutes leurs eaux, si bien que, pendant les pluies, elle est inondée; et comme sa surface est très-plane, il ne peut y avoir d'écoulement, il faudrait nécessairement qu'elle fût sillonnée par de nombreux canaux. On avait déjà commencé autour de Bouffarik des travaux de cette nature, mais les travailleurs y ont presque tous trouvé la mort. Enfin, je suis resté trop peu de temps en Afrique et je suis trop ignorant de ces choses pour me prononcer sur la grande question de la colonisation; tout ce que je puis dire, et avec de bons esprits, c'est que je n'y crois pas.

Avant de quitter Douera, je fis le tour du camp où je ne vis de curieux qu'une petite gazelle qui vint me lécher les mains et un lévrier noir d'une hauteur surprenante. Je dois dire aussi que ce ne fut pas sans plaisir que je cueillis une petite fleur

sauvage, couleur lilas, qui croît dans la montagne ;
c'est la seule que j'aie vue sur cette terre désolée.
Il est vrai que les abords de Douera sont plus frais
et plus ombragés que le reste du pays. On y voit
des arbres et quelques jardins cultivés par les colons ; on trouve une belle source dans le ravin.

Après avoir quitté Douera, on arrive bientôt à
la plaine : à son entrée se trouve le camp du bataillon d'Afrique ; les hommes qui le composent sont
tous des repris de justice ; on leur a donné le sobriquet de *chacals* et de *zéphirs*, parce qu'ils passent partout et ne connaissent aucun obstacle ; ce
sont au reste de très-braves soldats, sinon de très-
braves gens.

## § III.

Après avoir passé sept ou huit ponts jetés sur
des ruisseaux fangeux, on arrive à Bouffarik. Ce
point militaire est plus important que Douera ; on
y a construit un fort beau camp, dont les habitations sont en pierre de taille, et qui a dû coûter fort
cher [1]. Il est vrai de dire que c'était le lieu de prédilection du maréchal Clauzel ; il lui a donné son
nom, et, dans ses conceptions gigantesques, il a tracé

[1] On le nomme aussi le *camp D'Erlon*, en l'honneur
du lieutenant-général comte Drouet-D'Erlon, ancien gouverneur de la régence.

*Médina-Clausel* sur le plan d'une ville de deux cent mille âmes. Les premières maisons ont bien été bâties sur la ligne, mais on n'a rien construit depuis, si bien que les habitations se trouvent ainsi fort éloignées les unes des autres.

Cependant, si l'on pouvait assainir l'air en desséchant les marais et repousser les hadjoutes au-delà des premières chaînes de l'Atlas, on ferait à Bouffarik de bien belles choses en agriculture ; car aux environs on trouve des prairies superbes. C'est le seul endroit, en Afrique, où j'ai rencontré du gazon en automne, et je reposai mes yeux sur cette verte pelouse avec bien de la satisfaction.

Les jardins sont plus beaux qu'à Douera ; et dans la première cour du camp j'ai admiré deux mûriers ayant au moins deux pieds de diamètre. Ce qu'il y a de malheureux pour les habitants, c'est de vivre à deux pas de bourbiers qui entretiennent constamment l'infection.

Tous les lundis il s'y tient un marché très-considérable, où les arabes se rendent en foule, et qui est présidé par le cady, rendant la justice entre les bédouins, auxquels il fait administrer force coups de bâton, convaincu, comme *Werther*, qu'il n'y a rien de tel que de prendre les hommes par la douceur.

De Bouffarik à Belida les diligences sont obligées

de marcher avec une escorte, composée de deux fantassins bien armés, qui les accompagnent jusqu'à leur destination. Avant d'y arriver, on traverse quelques bois assez dangereux, et on trouve le camp de Béni-Méret occupé par un escadron de chasseurs d'Afrique. Ce lieu n'a de remarquable que ses belles eaux. Nos soldats, pour passer le temps, se sont amusés à y établir de petites roues, destinées à mettre en mouvement de petits bons hommes qui scient des planches ou roulent des brouettes; et il paraît que ces bagatelles font l'admiration des arabes, qui restent des heures entières à les considérer. Que diraient-ils donc en présence de nos mécaniques à papier et de nos filatures de France?

§ IV.

Béni-Méret est pour ainsi dire au pied de l'Atlas, et l'on aperçoit déjà les bosquets de Belida ou Blida dans le lointain. Cette ville, surnommée la *voluptueuse* par les arabes, à cause de ses beaux jardins et des mœurs de ses habitants, se trouve cernée ou plutôt protégée par deux camps français forts de cinq mille hommes. Je ne parlerai point de Belida inférieur, je ne l'ai pas visité; je dirai seulement, qu'entre les deux camps se trouve une enceinte de muraille bâtie par les habitants de Belida, pour y transporter leur ville souvent tourmentée par les tremblements de terre. Ils allaient commencer à bâtir, lorsque les arabes de la montagne, trouvant plus commode d'avoir ce séjour de plaisirs sous leurs pieds, les menacèrent de couper les conduits des eaux, et cette crainte les fit rester dans leur ancienne ville.

Le camp de Belida supérieur ne ressemble pas à ceux de Douera et de Bouffarik; on n'y voit aucune construction en pierre; officiers et soldats y sont logés dans des baraques en planches, d'autres sous la tente, et quelques-uns dans des cabanes de branchage. Le général Guingret qui commandait à l'époque où je le parcourus, était le seul qui eut une maison couverte en tuiles et un petit jardin autour. J'y remarquai des poules, des pigeons, et sa demeure ressemblait assez à une métairie.

Belida était alors le poste le plus avancé que nous eussions de ce côté en Algérie. On y a établi un camp aussi considérable, afin de tenir en respect les hadjoutes, à qui le traité Bujeaud a concédé toute la partie de la plaine, située au-dessus de la rivière de la Chiffa, qui nous sert de limites. Ces tribus sont si belliqueuses et si féroces, que le général ne permet pas aux soldats de sortir du camp.

Il était à cette époque défendu d'entrer dans Belida, aussi je ne l'ai point visitée; je m'en suis seulement approché le plus possible, et je l'ai entrevue à travers les bosquets d'orangers et de citronniers qui l'environnent. On ne sait trop à quoi attribuer la défense expresse d'entrer dans cette ville; on en donne cependant deux raisons.

Il paraît qu'au moment de l'arrivée des français, les trois quarts de la population abandonnèrent Belida, et que le reste allait partir, si le gouverneur ne se fût engagé à la respecter, dans le but de faire rester les habitants, espérant les familiariser avec nous et les civiliser plus tard. Au reste, tous les matins deux chirurgiens militaires se rendent chez le Hakem pour offrir leurs soins aux malades, et ont ordre de fournir tous les médicaments nécessaires aux frais du gouvernement. Les arabes n'exécutent pas très-fidèlement leurs prescriptions.

On raconte qu'un de ces hommes qui avait été traité par un de nos chirurgiens, vint un jour le prier de guérir aussi une de ses femmes qui était malade. Le médecin lui demanda quelle était sa maladie, et, sur la description incomplète qui lui en fut donnée, il manifesta le désir de voir la malade, et le bédouin s'y refusa obstinément. Mais ta femme mourra, reprit le docteur. — Eh bien! il vaut mieux qu'elle meure que si tu la voyais, répondit-il; et le chirurgien ne la vit pas.

Avec eux il n'y a jamais de maladie sans remède;

et quand un médecin français leur dit qu'il n'y a aucune ressource, ils supposent que c'est ignorance de sa part, et ils n'ont plus confiance en lui. Aussi nos chirurgiens militaires, dans l'intérêt de l'humanité, et afin de faire accepter des secours aux autres malades, sont-ils obligés de tromper les incurables. Ils leur demandent, par exemple, quel jour et à quelle heure ils sont nés, et mille autres renseignements qu'ils ne peuvent fournir, en ajoutant que, sans une réponse catégorique, il est impossible de les guérir; et ces hommes simples se contentent d'un pareil subterfuge. Au reste, la médecine arabe se compose d'un tas d'aphorismes très-bizarres, et qui prescrivent un remède différent pour la même maladie commencée le lundi ou le mardi, ou tout autre jour de la semaine, ce qui dénote une grande ignorance chez les médecins arabes, qui ressemblent fort à ceux dont parle Montaigne dans ses essais. Cette digression nous a entraîné fort loin de Belida, il est temps d'y revenir.

La seconde cause de la non occupation de Belida serait fondée sur les tripotages, sans nombre, qui ont eu lieu pour les maisons de cette ville. Il ne manque pas de *faiseurs* à Alger; ils ont engagé les propriétaires de Belida à vendre leurs maisons, pour en sauver au moins le prix, dans l'hypothèse de l'occupation de la ville par les français. Ces gens sont venus à Alger avec des plans superbes, et ont offert des maisons magnifiques (sur le papier) pour des prix très-modérés. C'était ordinairement une somme d'argent une fois donnée et une faible rente jusqu'à leur mort. Il n'y avait pas moyen de vérifier et de savoir à quoi s'en tenir, puisqu'il était défendu d'aller sur les lieux, et bien évidemment il fallait acheter chat en poche [1]. Malgré cela, ils ont trouvé des acheteurs; car à Alger, comme ailleurs, on peut dire avec vérité : semez de la graine de niais, il naîtra des *actionnaires*.

Les maisons se sont donc vendues et souvent revendues, par le même propriétaire, à deux acheteurs différents. On a fait ensuite des affaires sur la place, et de tous ces agiotages il est résulté un imbroglio auquel le diable ne comprendrait rien; mais ce qu'il y a de plus plaisant, c'est que le vendeur est retourné à Belida avec de l'argent comptant, habiter sa maison, s'il en a une toutefois, et riant dans sa barbe de bédouin de la sottise du français, qui continue, en outre, à payer fidèlement la rente,

---

[1] Un de ces acquéreurs gobe-mouche parlait un jour avec complaisance, dans un salon de Paris, et en présence d'officiers de l'armée d'Afrique, de la belle maison *à deux étages* dont il était propriétaire à Belida. On lui demanda s'il l'avait vue, et il eut le bon esprit de répondre que non; alors on lui apprit, à son grand étonnement, qu'il n'y en avait pas une seule dans toute la ville qui eût plus d'un étage.

dans la crainte que la cessation de paiement ne soit une cause de résolution du contrat, et attend avec grande impatience que le gouverneur lui permette d'aller habiter à Belida son palais, qui n'est peut-être pas encore bâti. On pense à Alger que c'est la crainte des innombrables procès que nécessiteraient tous ces tripotages qui a retardé l'occupation [1].

Au reste, la ville n'offre rien de remarquable : depuis plusieurs années, sa population est réduite de six mille âmes à douze cents ; de sorte que beaucoup de maisons tombent en ruine. La moitié de Belida n'est qu'un monceau de décombres et de démolitions ; c'est en général l'aspect qu'offrent toutes les villes moresques. Les français ont établi un Blockhaus, du haut duquel on voit la ville comme si on y était ; les jardins qui l'entourent étaient autrefois admirables de fraîcheur et d'ombrages ; les orangers, les citronniers, les oliviers, les grenadiers et beaucoup d'autres arbres y croissent en abondance, et produisent des fruits délicieux. J'ai apporté en France un cédrat venant de Belida, il pesait trois livres et un quart, et pouvait avoir six pouces de diamètre ; quelques personnes l'ont pris pour un petit melon cantaloup.

---

[1] Depuis que ces lignes ont été écrites, les français ont occupé Belida.

C'est à cause de tous ces avantages, si précieux dans un climat brûlant, que les arabes en avaient fait une ville de plaisirs et l'avaient surnommée, *Belida la voluptueuse.* Elle est à quinze lieues environ d'Alger. C'est à quelque distance dans la montagne que se trouve la fameuse porte de fer qui ferme l'entrée de la province de Titeri.

FIN DE LA PREMIÈRE PARTIE.

# SOUVENIRS

## DE

# L'ALGÉRIE

## OU RELATION

## D'UN VOYAGE EN AFRIQUE,

### PENDANT LES MOIS DE SEPTEMBRE ET D'OCTOBRE 1838.

PAR J.-A. BOLLE, AVOCAT A ANGOULÊME.

........ *Forsan et hæc olim meminisse juvabit.*
( VIRGILE. )
Un jour ces souvenirs auront pour *moi* des charmes.
( DELILLE. )
C'est icy un Livre de bonne foy.
( MONTAIGNE. )

## ANGOULÊME,

IMPRIMERIE ET LITHOGRAPHIE DE J. BROQUISSE.

—

1839.

# DEUXIÈME PARTIE.

# CHAPITRE I<sup>er</sup>

## VOYAGE D'ALGER A ORAN.

### § I<sup>er</sup>

Oran est situé à 70 lieues marines à l'ouest d'Alger ; et comme il n'existe aucune communication par terre, que les habitants des côtes sont très-féroces et que la partie intermédiaire entre les deux principales villes de la régence ne nous appartient pas, grâce au traité Bujeaud, dit de la Tafna, on se rend à Oran par mer au moyen des bateaux à vapeur de l'état, qui font ce trajet tous les quinze jours.

Ce voyage, en beau temps, est fort agréable, car on ne perd jamais la terre de vue, on la cotoie même d'assez près pour distinguer aisément les objets qui passent devant vos yeux, et si l'on tourne le dos à la mer, l'illusion est si complète, que l'on croit descendre un fleuve. Pendant deux lieues environ, après avoir quitté Alger, on a sur sa gauche la perspective d'un paysage assez fertile : ce sont toujours de jolies petites maisons blanches au milieu d'un massif de verdure; mais on rencontre bientôt la solitude et le désert.

C'est à quelque distance de la partie habitée que l'on trouve Torre-Chica : ce nom espagnol a été donné à la plage, parce qu'on y voit les restes d'une petite tour bâtie, je crois, par les Romains, pour faciliter le débarquement qui est assez favorable en ce lieu. En effet, la grève est unie et couverte de sable, et les montagnes semblent fuir dans l'intérieur.

On arrive bientôt dans la baie de Sydy-Ferougj [1], où débarqua l'expédition en 1830. Ce point est éloigné d'Alger de trois lieues. Nous le saluâmes comme le premier champ de bataille où nos soldats moissonnèrent des lauriers en Afrique.

De cette plage découverte, on aperçoit dans la montagne et à une certaine distance du bord de la

---

[1] Ce lieu doit son nom à un marabout célèbre appelé Ferougj, qui l'habita jadis.

mer, un tertre assez élevé, et qui doit être fort considérable. On le nomme dans le pays le tombeau de la reine d'Espagne, ou plutôt de la Chrétienne. (*Qobr-el-Roumyah*, en arabe.)

On raconte qu'un puissant chef de tribu, ayant acheté une esclave chrétienne d'une grande beauté, en devint si éperdument amoureux, qu'il en fit sa sultane favorite, et la combla de toutes sortes de faveurs. Cependant, malgré ses soins et son amour, il eut bientôt le malheur de la perdre, et pour transmettre à la postérité le souvenir d'une épouse adorée, il lui fit élever l'immense monument funèbre qui s'aperçoit de fort loin de tous les côtés. On ajoute que les arabes ont pour ce tombeau une grande vénération. Je ne pense pas toutefois que ce soit la sépulture de la femme chrétienne qu'ils honorent, mais bien plutôt le lieu où ils se réunissent fréquemment pour tenir leurs conseils, par suite de la facilité qu'ils trouvent à se rencontrer aux pieds de ce haut monument. Ils supposent peut-être aussi que quelque grand marabout repose sous ce monceau de pierre.

## § II.

En continuant toujours sa marche, on arrive bientôt sous les murs de Scherschel, petite ville moresque bâtie sur le bord de la mer, et qui paraît assez jolie. Elle est exclusivement habitée par les arabes, car nous n'avons pas encore songé à nous en rendre maîtres ; il est vrai qu'il n'y a de port que pour les petites embarcations, et que la ville n'est pas fortifiée ; elle peut contenir 4 ou 5000 âmes. On aperçoit un petit fortin tout auprès. En avant de la ville, nous remarquâmes les ruines d'un aqueduc romain, et dans l'intérieur trois minarets indiquant qu'elle possède autant de mosquées.

C'est la capitale du pays des hadjoutes qui en occupent le territoire situé entre Scherschel, Belida et Coleah. Ce sont les tribus les plus féroces de la régence après les cabaïles de Bougie [1]. Aussi leur est-il arrivé de faire feu sur le bateau à vapeur quand il s'approchait trop de la côte. Il est à croire que, si un navire échouait sur ce rivage inhospitalier, tous les passagers seraient impitoyablement massacrés.

Depuis Scherschel jusqu'à Arzew, je ne vis rien

[1] Les cabaïles de Bougie qui habitent les montagnes avoisinant cette ville, sont des hommes indomptables, dont on n'aura raison qu'en les exterminant. Ils descendent des anciens numides, que les romains eux-mêmes ne purent subjuguer ; ils sont presque tous maçons ou ouvriers en fer ; ils fabriquent d'assez belles armes ; ils sont habillés comme les autres bédouins ; ils ajoutent seulement à leur costume un tablier de cuir, ce qui leur a fait donner par nos soldats le nom plaisant de *cordonniers de Bougie*. Ils sont, au reste, aussi braves que les français, et en parlant d'eux, on dit toujours les formidables cabaïles.

de remarquable. Nous passâmes devant Ténès et Mostaganem, mais à une telle distance qu'il nous fut impossible de rien distinguer. La côte est tantôt bordée par de hautes montagnes couvertes de lentisques et de palmiers nains, au milieu desquels on aperçoit des cabanes de branchages servant d'asile aux tribus nomades de ces contrées, et plus loin des plages de sable d'une grande étendue. La nuit vint ensuite tout envelopper de ses ombres, et le lendemain matin nous entrâmes dans la baie d'Arzew pour y prendre les dépêches; c'est un des points militaires de la province d'Oran. On y voit un fort et quelques baraques composant un mauvais village bâti aux pieds d'une montagne; nous y avons un stationnaire.

C'est le plus triste séjour que l'on puisse imaginer: nos soldats n'y ont d'autre distraction que la chasse; le pays est fort giboyeux, et les sangliers y abondent; l'eau que l'on y boit est saumâtre et détestable, et occasionne des dissenteries fort dangereuses; on est souvent obligé d'en faire venir Oran. Arzew en est à 7 lieues.

Nous en partîmes à dix heures du matin, et après avoir doublé la montagne des *Lions*, nous aperçûmes un rocher nommé l'*Aiguille* qui s'élève au-dessus de l'eau comme une flèche, et que l'on appelle aussi l'*Abuja*, et bientôt nous arrivâmes en vue d'Oran.

## § III.

Cette ville est bâtie au fond d'une baie assez profonde, et comme elle n'a pas de port, les bâtiments sont obligés d'aller mouiller au-delà sous le fort de Mers-el-Kebir. C'est un petit port de mer dont le mouillage est assez bon, et à l'abri des vents d'ouest, qui, venant du détroit, règnent avec une grande violence dans ces parages. Il en est de même d'Arzew.

Mers-el-Kebir est un petit village défendu par une forteresse autrefois très-considérable, mais qui est au trois quarts démolie. Il s'y trouve des citernes immenses, capables de contenir de l'eau pour la garnison pendant six mois. Elle a dû coûter des sommes énormes aux espagnols, qui, dans ce lieu, aussi bien qu'à Oran, avaient construit des ouvrages vraiment herculéens.

Le fort de Mers-el-Kebir est dominé par une haute montagne nommée *del Santo*, mais qui est si escarpée, qu'il serait fort difficile à l'ennemi de s'en emparer et de s'y maintenir. On aperçoit encore sur la crête les traces d'une fortification commencée par les espagnols.

Ce point serait bien plus important qu'Oran, s'il y régnait la moindre fertilité, s'il n'était pas entièrement privé d'eau une partie de l'année, de telle sorte qu'il faut en aller chercher à Oran, et s'il était possible de s'y développer pour bâtir. A quelque distance, il existe encore de grands bassins creusés au bas de la montagne; mais l'eau n'y vient plus, car les canaux pratiqués dans le versant des deux montagnes, et qui recevaient les eaux de pluie, ont été détruits. Nous avons dit plus haut qu'Oran n'avait pas de port, et que Mers-el-Kebir n'a pas d'eau : il résulte de ces deux circonstances que ces deux endroits ne peuvent subsister l'un sans l'autre, et sont liés de la manière la plus intime ; de telle sorte que l'un dépend essentiellement de l'autre, tant qu'ils seront occupés par des européens.

## § IV.

Les communications ont pourtant été long-temps fort difficiles, car Mers-el-Kebir est séparé d'Oran par un trajet d'une lieue au moins, au travers de montagnes inaccessibles; et comme la mer est souvent très-mauvaise et bat presque constamment avec furie sur le rivage d'Oran, il en résultait qu'on était autrefois souvent plusieurs jours de suite sans pouvoir établir de communications autrement qu'à cheval, et en faisant un grand détour. Les espagnols qui avaient fait tant de choses à Oran, avaient pourtant reculé devant la difficulté, et ne s'étaient pas doutés qu'il fût possible de la vaincre. Il était donné aux descendants de ceux qui percèrent les Alpes, au Mont-Cenis, d'ouvrir une route de Mers-el-Kebir à Oran, à l'aide du fer et du feu : au moment où j'écris ces lignes, ce miraculeux travail est achevé, et, à toute heure du jour et de la nuit, on peut se rendre d'un point vers l'autre, à pied et en voiture, et faire rouler au galop des canons et des caissons, où le chacal et la gazelle ne pouvaient autrefois trouver un point d'appui, ni se frayer un passage ; car il a fallu creuser dans un roc dur comme le granit, et le couper à pic dans certains endroits, à 40 pieds d'élévation.

La route, d'une belle largeur, semble, en plusieurs endroits, serpenter sur un précipice ; car elle se trouve perpendiculairement élevée à plus de 100 pieds au-dessus du niveau de la mer, et séparée de l'abîme par un petit parapet d'un pied d'épaisseur. La perpendiculaire est si exacte, que, pour puiser dans la mer, afin de maçonner le parapet, on avait établi à divers endroits un échafaudage en planches de 6 pieds de longueur, au bout duquel on descendait le sceau dans la mer à l'aide d'une poulie.

L'ouverture de la route a nécessité de grands travaux d'art : il a fallu construire plusieurs ponts très-considérables, sous lesquels il ne s'écoule pas une goutte d'eau la plus grande partie de l'année, mais qui, dans la saison des pluies, livrent passage à d'impétueux torrents, descendant des montagnes, et que l'on prendrait pour des fleuves improvisés.

A moitié chemin des deux villes, on rencontre le camp du Bataillon d'Afrique, qui éclaire la route; on aperçoit un blockhaus dans la montagne, au-dessus du camp.

Dans un endroit de la route, en approchant d'Oran, il eût été si difficile de couper le rocher, que les ingénieurs ont préféré creuser un tunnel sous la montagne, et la roche a été perforée dans une longueur de plus de cent pas.

Ce travail a dû être immense, car on n'a pas pu faire jouer la mine en cet endroit, dans la crainte d'ébranler le rocher; mais à l'aide du marteau et avec une peine infinie, on a exécuté un ouvrage impérissable; car la galerie souterraine est creusée dans un seul bloc de roches plus dures que du fer.

## § V.

C'est un peu en avant de la voûte, en venant de Mers-el-Kebir, et à un quart de lieue de la ville, à 6 pieds au-dessus du chemin, que l'on rencontre la *Grotte coquillière* d'Oran, une des plus grandes curiosités naturelles du pays.

Cette grotte, de 30 pieds environ d'étendue en tout sens, et de 7 pieds d'élévation, est composée d'un immense amas de coquilles fossiles, appartenant pour la plus part à la famille des Vénus, réunies ensemble par un ciment naturel si solide, qu'il faut les briser pour les détacher. On y rencontre aussi quelques huîtres et des petits galets qui ne se trouvent, d'ordinaire, que sur le bord de la mer ; et ce qu'il y a de plus étonnant, c'est que la grotte est à *plus de 100 pieds* au-dessus de son niveau actuel. Je ne hasarderai aucune explication de ce curieux phénomène, je me contenterai d'offrir à l'inspection des savants et des amateurs, un bel échantillon de ces coquilles que j'ai pris moi-même dans la grotte, et qui fait partie de mon cabinet. C'est un peu en avant de ce point que se trouve le lieu nommé le *Rocher de l'Empereur*. On prétend qu'un empereur de Maroc, poursuivi sur la montagne par des soldats révoltés, se précipita dans la mer avec le blanc coursier qu'il montait, et périt ainsi au milieu des flots.

La route est dominée, sur la droite, en allant vers Oran, par des montagnes très-élevées qui donnent asile, dans leurs anfractuosités, à des aigles noirs ; l'explosion des mines les faisait sortir de leur aire, et on les voyait planer alors, majestueusement, à une grande hauteur au-dessus des flots.

La route de Mers-el-Kebir, due au génie militaire, a été creusée par les soldats de notre armée, les compagnies de discipline et les condamnés aux travaux militaires, et elle a coûté la vie à bon nombre de travailleurs. C'est le plus magnifique ouvrage que les français aient exécuté dans la Régence : il y a six mois qu'elle est terminée, on y a travaillé pendant cinq ans.

Après avoir traversé le tunnel dont je viens de parler, on trouve le fort de la *Mouna* qui commande l'arrivée à Oran; il est construit sur des rochers qui avancent dans la mer au-delà du chemin, et qui forment promontoire. Ce fort n'est remarquable que par un gouffre très-profond, placé sous l'excavation des rochers qui lui servent de base, et dans lequel les beys d'Oran précipitaient leurs femmes infidèles, après les avoir fait coudre vivantes dans un sac de cuir. Tout près de la *Mouna* on trouve la porte de la ville, et de ce lieu on découvre très-bien Oran.

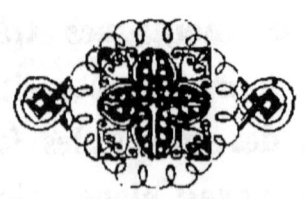

# CHAPITRE II

**ORAN ET SES ALENTOURS.**

§ I<sup>er</sup>

Quand on arrive à Oran par mer, on aperçoit des groupes de maisons jetés çà et là, assez loin les uns des autres, au milieu des ruines; et l'aspect serait des plus tristes, si la verdure de quelques arbres n'en corrigeait un peu l'aridité. Les rues en sont toutes sinueuses et en pente, et il n'en existe pas une seule sur un plan horizontal, de manière qu'il faut toujours monter ou descendre.

En arrivant à Oran on voit, à sa droite, trois

forts construits au-dessus l'un de l'autre, et dont je parlerai plus tard avec détail : ce sont la *Mouna*, le *San Gregorio* et le *Santa-Cruz*. On a à sa gauche, dans le lointain, la *Gebel-Kar* ou montagne du *Lion*, appelée aussi de *Saint-Augustin*, dont les deux pitons se découvrent à une grande distance; à mi-côte, le fort Sainte-Thérèse, et au-dessus, le Château-Neuf, ancienne résidence du bey, aujourd'hui habité par le général, qui défendent les approches de la ville de ce côté-là.

Dans la montagne on distingue, d'un côté, le minaret d'une mosquée, et de l'autre, le clocher d'une église catholique, signe indicateur que les deux religions sont depuis long-temps pratiquées dans la ville.

Sur le même plan s'élève le colisée dont nous avons fait une caserne; et dans le fond la casba d'Oran, forteresse qui, avec le fort S<sup>t</sup>-Philippe et la lunette S<sup>t</sup>-André, défendent la ville du côté de la terre.

Les vagues battent toujours avec un bruit incessant le pied de la montagne, défendu contre les envahissements des flots par un quai de 40 pieds de large. La mer resserrée dans une anse très-étroite, est si furieuse, que, pour briser sa lame, on a projeté en avant du quai d'énormes blocs de rochers qui la divisent et l'empêchent d'arriver jusqu'aux maisons.

Il n'existe point de port à Oran ; les petites embarcations peuvent seules y aborder, et même, quand le temps est mauvais, un pavillon hissé sur la *Mouna* avertit celles qui sont au large de ne pas approcher. Il faut alors hisser sur la grève, à l'aide du cabestan, celles qui se trouvent au mouillage.

Le petit commerce qui se fait à Oran consiste en provisions de bouche, qu'on apporte d'Espagne : ce sont des fruits et des légumes que l'on vient vendre au marché, et quand le temps est mauvais plusieurs jours de suite, les provisions manquent complètement. Il n'en sera plus de même actuellement que la route de Mers-el-Kebir est terminée, car on peut aborder dans ce port en tout temps. Ce commerce est tout dans les mains des espagnols; ce qui est très-facile à deviner, en lisant les noms de leurs barques qui appartiennent tous à des saints.

## § II.

Il n'existe que trois ou quatre maisons sur le quai, parmi lesquelles on remarque les magasins de farine et de vin de la marine : c'est une construction fort belle, due aux espagnols; on y voit des voûtes superbes. A quelques pas se trouve un moulin bâti par la manutention militaire, et tout près un abattoir pour le service de la ville.

Oran se compose de quatre parties distinctes. Au bas (la marine), on y compte seulement quelques maisons; au-dessus, le quartier des espagnols, où se trouve la douane; on y remarque bon nombre d'épiciers et de barbiers qui, en vrais *Figaros*, à l'élégance près, suspendent la guitare auprès du plat à barbe dans leurs boutiques, et vendent tous les objets nécessaires aux marins. C'est la seule issue du côté de la mer, par laquelle on puisse arriver en voiture dans la ville.

Un peu au-dessus est la place Nemours, au milieu une fontaine; plus loin, et sur la hauteur, se trouve l'ancienne ville espagnole, qui n'est guère qu'un monceau de ruines, depuis le tremblement de terre de 1790, qui la démolit presqu'en entier. On ne peut la parcourir en certains endroits qu'en enjambant de gros blocs de pierre épars çà et là.

Oran est fort sujet aux tremblements de terre. Celui de 1790 fut si violent, qu'il renversa la plus grande partie de la ville et des fortifications : les habitants, saisis d'effroi, abandonnèrent leur cité pendant trois jours, et campèrent en rase campagne.

L'église catholique qui se trouve dans cette partie de la ville, fut presqu'entièrement ruinée; il ne resta debout que le clocher et le chœur, la voûte de la nef s'écroula en entier, les murs d'enceinte résistèrent ; de sorte que la petite chapelle qui existe encore est actuellement précédée d'une cour où se placent les soldats pour la messe militaire.

Un peu plus loin, et dans une position superbe, se trouve le colisée, grand bâtiment dont j'ignore l'antique destination, mais qui fut évidemment bâti par les espagnols, sur les modèles de l'architecture arabe, ce qui se reconnaît aux colonnades de marbre et aux formes ogivales qui le décorent. Ce lieu était merveilleusement propre à faire un hôpital qui manquait à Oran. On a cependant préféré le métamorphoser en caserne, et, pour perpétuer le souvenir de cette destination, on a gravé sur le marbre, dans une des cours du quartier, une inscription capable de déconcerter les sphinx futurs de notre académie des inscriptions et belles-lettres, si la date venait à s'effacer ; car on y lit en latin que ces belles choses furent faites, *imperante Letang, tribuno Reiseinbach*, ce qui ne veut point dire qu'il s'agisse d'un empereur romain et d'un tribun du peuple, mais tout simplement que l'un de ces messieurs était général de brigade, et l'autre colonel d'un régiment d'infanterie ; et voilà comment on écrit l'histoire.

Au lieu d'établir l'hôpital au colisée, qui jouit d'une vue admirable et d'un air excellent, on a préféré aller démolir une mosquée, et bâtir dans un trou, au milieu des décombres. L'hôpital qui s'élève maintenant, est dominé de trois côtés par des terres supérieures à sa base, de 20 à 30 pieds, et qu'il a fallu couper et déblayer, pour pouvoir faire le tour de l'édifice ; il y fera l'été une chaleur horrible, tandis que l'hiver, dans la saison des pluies, les malades seront comme au milieu d'une citerne ou d'un réservoir. J'ai été à même de m'en apercevoir pendant mon séjour à Oran.

Au milieu de l'hôpital se trouve un élégant minaret, dont la conservation est due à l'amour de M. le commandant Le Pelletier de Saint-Fargeau, pour les beaux-arts.

Les ouvriers avaient déjà commencé à en saper la base, quand cet officier supérieur s'en aperçut, par hasard, en passant.

Il courut en toute hâte au Château-Neuf, occupé par le général Boyer, qui commandait alors à Oran (*imperante Boyer*) : « mon général, lui dit-il en l'abordant, que l'on dise Pierre le cruel, à la bonne heure, mais Pierre le vandale, vous ne le souffrirez pas [1]. »

Le général, qui n'était pas encore habillé, courut en

---

[1] Le général Pierre Boyer fut surnommé le *cruel* pendant son commandement, à cause de la rigueur excessive qu'il déploya contre les arabes qu'il faisait mourir comme mouche. Quand on lui amenait un prisonnier dont il voulait se défaire, sa formule consistait à ordonner de l'envoyer à Tlemcen, par une porte de la

toute hâte à la mosquée, n'ayant que son caleçon; et il était bien temps qu'il arrivât, cinq minutes plus tard le minaret s'écroulait. C'est ainsi que ce monument a été conservé : depuis, l'architecte l'a fait entrer dans la construction de son hôpital, en le plaçant au milieu de l'édifice, et l'a destiné à servir d'escalier pour communiquer dans les salles supérieures. S'il se fut trouvé un plus grand nombre d'hommes de goût dans l'armée d'Afrique, il est beaucoup d'objets d'art qui eussent échappé à la dévastation et à la ruine [1]. Le minaret de l'hôpital d'Oran est

ville qui n'existe pas, et les exécuteurs de ses ordres le conduisaient hors des murs, où il était immédiatement fusillé, sans autre forme de procès. Le général prétendait que cette extrême rigueur était nécessaire chez les arabes, qu'il disait connaître mieux que personne, ayant été quelque temps leur prisonnier. Au reste, son nom est loin d'être en vénération parmi eux.

[1] Je crois devoir, à l'appui de ce que j'avance, rapporter un fait qui m'a encore été raconté par M. de Saint-Fargeau, témoin oculaire. A la prise de Mascara, cet officier supérieur entra dans la grande mosquée : on voyait au milieu un lustre en cristal doré d'une grande beauté; ce lustre se composait de trois plateaux superposés les uns aux autres, diminuant de grandeur d'une manière progressive, et dont le plus large avait trois pieds de diamètre; de l'intervalle qui séparait les plateaux s'élançaient d'élégantes girandoles aussi de cristal doré, et une grosse boule pendait par-dessous; au moment où M. de Saint-Fargeau entrait, le lustre volait en éclats sous le talon de la botte d'un ancien officier de marine, aujourd'hui attaché à l'état-major. Je possède un fragment de ce lustre; le cristal a deux lignes d'épaisseur.

d'une belle élévation, de forme carrée et recouvert de carreaux de faïence de diverses couleurs.

## § III.

Ces trois premières parties de la ville d'Oran sont séparées du reste par un ravin assez profond, arrosé dans toute sa longueur par un très-beau cours d'eau qui, partant de son extrémité, vient se jeter dans la mer, après avoir fait tourner le moulin du gouvernement.

En passant, cette eau fertilise le ravin et en fait un très-bon jardin fruitier et potager : on y trouve des figuiers, des grenadiers, des orangers en assez grande quantité et quelques palmiers; malheureusement ce ravin, qu'on peut parcourir en dix minutes, n'est pas assez grand pour fournir aux besoins des habitants, qui sont obligés de faire venir de fort loin quelques légumes, car autour d'Oran tout est aride et désolé, et la plus grande partie de ce qui se consomme dans la ville, en ce genre, vient d'Espagne.

Le ravin finit à la place Kléber, auprès de laquelle se trouve la sous-intendance civile, la mairie et la caserne de gendarmerie. Cette place, sans être grande, serait passable, si elle n'était pas aussi en pente.

En face, de l'autre côté du ravin, on rencontre la promenade l'Etang : elle a été creusée dans une montagne aride et à pic; elle court en serpentant, à travers quelques malheureux figuiers de Barbarie couverts de poussière. Une allée, plus large que les autres et moins en pente, est la seule où l'on rencontre de rares promeneurs; à son extrémité se trouve la colonne l'Etang qui est déjà renversée. On a essayé une plantation de mûriers, qui n'a point réussi. Au reste, la promenade l'Etang, la seule qui soit à Oran, est fort loin de tout, d'un abord très-difficile, et on n'y trouve jamais personne.

J'ai remarqué dans le terrier coupé en talus, quelques pierres tumulaires qu'on y a placées en construisant la promenade, et sur lesquelles on lit des inscriptions latines gravées par les Espagnols. De la promenade, la vue plonge sur la mer à une grande distance.

De la place Kléber, en montant vers la ville haute, on parcourt la rue Philippe, qui est fort rapide et d'une belle largeur; c'est dans cette rue, auprès du tribunal civil et de la mosquée, que j'ai remarqué trois ormeaux séculaires; l'un d'eux serait difficilement embrassé par deux hommes.

Au bout de la rue Philippe, on trouve la place et ensuite la rue Napoléon; c'est le quartier du commerce : il est habité par les Juifs, qui sont encore plus ignobles et plus sales qu'à Alger. Ces êtres sont si dégradés et si rampants, que leur servilisme se fait remarquer dans toutes les circonstances.

Le 13 octobre, jour anniversaire de la prise de Constantine, il y eut un dîner chez le général Guéhéneuc, qui commande la province : dans la soirée quelques officiers supérieurs eurent la curiosité d'aller à la synagogue, où il y avait une cérémonie religieuse, et ce lieu, où il devrait seulement être question de Dieu et de son culte, se changea en une salle de réception. On adressa mille prévenances à ces messieurs, on cria plusieurs fois vivent les Français! vivent le général et les officiers de la garnison! et enfin on fit mille platitudes en leur présence. Voilà ce qu'est le peuple juif.

## § IV.

La circulation est fort difficile dans les rues d'Oran, il y en a même plusieurs qui sont de véritables sentiers propres pour les chacals. Comme elles ne sont aucune pavées, dans la saison des pluies on n'y trouve que de la boue, tandis que le reste du temps on se perd dans des nuages de poussière.

Il n'y a qu'une mosquée à Oran; je ne l'ai point visitée.

Oran est la seconde ville de la Régence ; la province est commandée par un général qui a sous ses ordres un sous-intendant civil qui administre ; il y a aussi un tribunal de première instance ; elle forme une paroisse et a un curé.

La population, de 8 à 10,000 âmes, est composée de juifs, de mores et de français, parmi lesquels se trouvent bon nombre de banqueroutiers et de repris de justice. L'immoralité y est encore plus flagrante qu'à Alger, car on est fort loin de la métropole. Cependant, depuis que les dames, comme il faut, commencent à venir près de leurs maris, les mœurs publiques s'épurent, et un officier supérieur n'oserait plus se présenter sur la promenade Létang, en donnant le bras à sa maîtresse.

La vie est plus chère encore à Oran qu'à Alger, car tout y vient d'Espagne (fruits et légumes) ; il est même certains jours où les habitants se trouvent réduits à la portion congrue, quand les arrivages sont retardés par le mauvais temps.

Le gibier y est fort abondant : les perdrix y coûtent cinq sous la pièce et les lapins presque rien ; on y mange aussi des tortues de terre, dont les mâles sont très-petits et les femelles assez grosses.

Il se trouve une grande quantité de bêtes féroces dans la province : ce sont des lions, des panthères, des hyènes, des chacals ; les gazelles et les sangliers y sont fort nombreux; on y rencontre aussi des porcs-épics.

Les hyènes viennent la nuit jusqu'aux portes de la ville, on en tue souvent au quartier de cavalerie; le chacal, quoique sauvage, s'affranchit jusqu'à un certain point. Je connais une maison, à Oran, où on en a élevé un, qui s'est fait chasser ensuite par sa malpropreté, ce qui ne l'empêche pas de revenir tous les jours à l'heure des repas dans la cour. Cet animal est aussi soupçonneux que le loup et le renard, auxquels d'ailleurs il ressemble : pendant qu'il dévore à la hâte ce qu'on lui a jeté, il regarde derrière lui et de tous les côtés, afin d'éviter les surprises, et sitôt que son repas est fini, il disparaît en grimpant sur les toits, et va se cacher près de là, épiant la volaille du voisin pour la croquer.

Il y a peu de poisson à Oran; il s'éloigne de ces parages, où il serait trop tourmenté, car la mer y est toujours agitée. Le principal commerce consiste en blé et en laines, qui sont superbes; on y apporte des fourrures, des plumes d'autruche et des tapis de Mascara. Abd-el-Kader oblige les arabes à conduire leurs marchandises à Maroc, et les empêche de commercer avec nous. Il a prononcé la peine de mort contre ceux qui nous vendent des chevaux, et son chargé d'affaires l'instruit de tout ce qui se fait dans la province. Cet ambassadeur reçoit à Oran la ration de vivres et est très-bien traité, tandis que le nôtre, à Mascara, est quelquefois poursuivi dans les rues à coups de pierre, et il faut lui envoyer des provisions d'Oran.

## § V.

A l'est, au-dessus de la ville, se trouve la plaine dite du *Moulin à Vent*, depuis que les français en élevèrent un dans ce lieu au grand étonnement des arabes : cette plaine est fermée par une ligne de blockhaus.

De ce point, on aperçoit la Maison-Carrée à trois quarts de lieue environ; à l'extrémité de la plaine, plus près de la mer, se trouve le quartier de cavalerie dit de la *Mosquée*, occupé par le 2me Régiment de chasseurs d'Afrique. C'est une fort belle caserne bâtie par les français, sur l'emplacement d'une mosquée.

La plaine du *Moulin à Vent*, qui paraît assez fertile, produit une assez grande quantité de blé. Le quartier de la mosquée est en dehors de la ville : pour y arriver, il faut traverser une petite vallée formée par des roches et qu'on appelle le *Ravin-Blanc*, par opposition à celui qui sépare la ville en deux, ombragé par une belle verdure. On se trouve bientôt sous le Château-Neuf, qui est assez fort pour défendre l'approche d'Oran de ce côté-là.

Entre le quartier et la ville j'ai vu quelques baraques occupées par des Alsaciens, qui cultivent de petits jardins : c'est le seul signe de colonisation que j'aie remarqué dans cette province, et un fait qui démontre notre peu de progrès sous ce rapport, c'est que les chasseurs étaient obligés de brûler le fumier provenant de leurs écuries, pour éviter les exhalaisons fétides qu'il eût occasionné; ils commencent cependant à en vendre quelque peu.

Je dois mentionner ici la prétendue maison de campagne du consul de Naples : c'est une bicoque entourée de trois figuiers de Barbarie, et encore est-elle la seule qui existe aux alentours d'Oran.

## § VI.

Au commencement de ce chapitre, j'ai parlé des trois forteresses qui défendent Oran du côté de l'ouest; c'est incontestablement le point le plus formidable de la ville. Ces trois forts sont : la *Mouna*, sur le bord de la mer; le *San-Gregorio*, à moitié de la montagne; et enfin le *Santa-Cruz*, tout-à-fait sur la crête, à une hauteur de 1,200 pieds au-dessus du niveau de la mer.

Ces trois forts commandent la ville d'une manière

souveraine, et leur construction était indispensable, car cette position enlevée, Oran ne pourrait plus résister. Nous avons suffisamment parlé du fort la *Mouna*, à l'occasion du chemin de Mers-el-Kebir.

Le *San-Gregorio*, moins considérable, mais dont la position est très-heureuse, se trouve déjà à une grande hauteur ; on y parvient par un sentier assez bien frayé, quoique les mulets seuls puissent y passer. Il est gardé par un poste de soldats ; on y voit quelques figuiers. Il s'y trouve une citerne qui conserve de l'eau une partie de l'année ; c'est ce fort qui a le privilége d'arborer le dimanche le pavillon national et de le saluer d'un coup de canon le matin et le soir.

*San-Gregorio* est un point de station et de repos pour gravir jusqu'au haut du *Santa-Cruz*. On y parvient avec beaucoup de difficultés, car il faut grimper à pic pendant une demi-heure, au milieu de pierres roulantes. La température change d'une manière sensible, en approchant de la forteresse ; on aperçoit les nuages passer à 100 pieds au-dessous de soi, et on éprouve un froid bien intense : nous y montâmes le 2 octobre 1838, à midi. Le *Santa-Cruz*, placé tout au haut du piton, se compose de quelques corps de bâtiments et de plusieurs cours.

Cette citadelle, qui pouvait loger 2 ou 3,000 hommes, a dû coûter aux Espagnols des sommes énormes ; car il a fallu voiturer, à dos de mulets, l'eau et tous les matériaux nécessaires à la construction de murailles qui ont, dans certains endroits, 15 pieds d'épaisseur.

Le *Santa-Cruz* était destiné dans le temps à servir de *Présidio*. Ce n'est plus qu'une ruine ; il a été en grande partie renversé par le tremblement de terre de 1790 ; j'ai vu des murs de 15 pieds séparés par des lézardes énormes et cependant encore debout. Il est gardé actuellement par quatre soldats et un caporal, qui n'y restent que cinq jours ; ils font partie de la garnison du *San-Gregorio*. Le séjour, au reste, y est des plus tristes ; il y règne une grande humidité, et les armes des soldats s'y rouillent très-promptement, car on est presque toujours au milieu des nuages. Il n'y a qu'un seul corps de logis qui soit assez bien conservé.

Il existe à la partie supérieure une esplanade ou plate-forme, du haut de laquelle on jouit d'un immense horizon, quand les nuages n'interceptent pas la vue de la terre. D'un côté, on découvre la mer et la rade de Mers-el-Kebir ; à ses pieds, on a la ville d'Oran ; devant soi, la montagne du Lion, qui paraît dans toute son immensité ; de l'autre côté, on domine la plaine, on aperçoit des tribus d'arabes campés sous la tente, les blockhaus élevés par les français et les routes qui conduisent aux camps de

Messerguin, du Figuier et d'Arzew. C'est sur cette plate-forme que les soldats arborent le pavillon d'alarme, quand ils remarquent quelque chose de nouveau dans la plaine.

Il n'existe point d'arbres au *Santa-Cruz* : on trouve seulement, sur la montagne, quelques palmiers nains, des fleurs jaunes et une fleur blanche sans odeur, ressemblant au daphné. Dans le fort, j'ai remarqué une touffe de gueules de lion rouges.

Le *Santa-Cruz*, quoique très-élevé, le cède cependant en hauteur au mamelon du marabout qui est encore au-dessus de lui. Séparés l'un de l'autre par une profonde vallée, ces deux points ont l'air de se toucher, mais ils sont à une lieue de distance. On voit souvent des aigles planer dans ces régions élevées. Le marabout est a 1,275 pieds au-dessus du niveau de la mer.

Il existe, dit-on, un passage souterrain qui, du *Santa-Cruz*, conduit au *San-Gregorio*, descend ensuite sur la place Kléber, et remonte, de là, au Château-Neuf. Si ce fait est vrai, c'est un travail incroyable. Je sais qu'étant au *San-Gregorio*, je suis descendu dans une cave voûtée et construite en pierres de taille, en forme de boyau, qui avait l'air de se diriger vers la ville, et je ne fus arrêté, dans mon excursion, que par un monceau de pierres évidemment placées à dessein d'obstruer le passage.

On raconte que ce souterrain a été découvert d'une manière assez plaisante. Il servait de salle de police : un soldat y ayant été mis par un sous-officier, lui demanda la permission d'aller à Oran boire une bouteille de bière dans un des cafés de la place Kléber ; et comme le sergent s'y refusait, le soldat consigné lui annonça qu'il y serait rendu en même temps que lui ; et en effet, une demi-heure après, il ne fut pas peu surpris de le voir en entrant au café, occupé à sabler sa bière de Mars. Le sergent sortit aussitôt pour remonter au fort, et en ouvrant la salle de police, il fut encore plus étonné d'y retrouver son homme renfermé. On fit alors des fouilles, et l'on découvrit le chemin couvert au fond du souterrain. Ce travail et celui de la construction des forts, est bien extraordinaire, sans doute, mais la route de Mers-el-Kebir à Oran est encore bien supérieure pour le fini de l'exécution, et surtout pour la grande utilité qu'en retire la ville d'Oran.

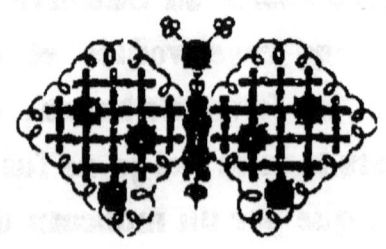

# CHAPITRE III

## L'ARABE SOUS SA TENTE.

### § 1er

Pendant mon séjour à Oran, j'ai été assez heureux pour pouvoir visiter l'intérieur d'une tente arabe, ce qui est généralement assez difficile, et tout ce que j'y ai vu m'a semblé si nouveau et si différent des usages de France, que les détails dans lesquels je puis entrer intéresseront, sans doute, mes lecteurs.

La personne chez laquelle je me trouvais, ayant des relations d'affaires avec Mahomet Ben-Béchar,

Iman de la mosquée d'Oran, nous allâmes lui rendre visite. Cet arabe a long-temps habité une maison dans l'intérieur de la ville; mais, soit qu'il regrettât son ancienne vie nomade, ou que le voisinage des français contrariât ses habitudes, il la vendit à l'époque de la prise d'Oran, et il vit actuellement à la manière des bédouins de la plaine.

Après avoir parcouru à cheval une partie des glacis en dehors de la place, et dirigé nos explorations au milieu des ravins qui l'environnent, nous découvrîmes, non sans peine, sous les remparts même d'Oran, une enceinte fermée par une haie de cannes et formant une cour au milieu de laquelle s'élevaient deux tentes; c'était la demeure de l'Iman. Nous fûmes reçus par sa mère, âgée de 47 ans environ. Notre arrivée occasionna une certaine rumeur dans la tente principale, et les femmes s'y réfugièrent aussitôt, suivant l'usage accoutumé, dès qu'un homme s'approche de leurs demeures.

Cependant la reconnaissance opérée, la mère de l'Iman nous fit entrer sous la première tente qui sert pour les réceptions et où habite seul le chef de la famille. On nous y plaça sur des coussins et des tapis, et il fallut s'asseoir par terre, les jambes croisées à la manière des tailleurs, car les arabes n'ont point de siéges à vous offrir. Dès notre arrivée, sur un signe de la mère de l'Iman, son fils était parti à cheval, comme un trait, pour aller le chercher à la mosquée, et nous profitâmes de l'intervalle qui précéda son retour pour visiter sa case à notre aise.

Après un moment de repos sous la première tente, qui n'offrait rien de remarquable, et pendant que la mère de l'Iman s'éloignait pour donner ses ordres, nous nous dirigeâmes vers la tente où les femmes se trouvaient, et où était déjà entrée la dame que nous accompagnions. Le lecteur peut s'en faire une idée en se représentant un grand carré de 40 pieds recouvert par une toile en tissu grossier de poil de chameau et de nattes de paille, supportée en l'air par des bâtons debout dont les plus grands, ceux du milieu, ont 7 à 8 pieds de haut, tandisque ceux des bords n'en ont pas plus de trois ; de telle sorte qu'il faut se ployer presque en deux pour pénétrer dans cette singulière demeure.

## § II.

Si cet aspect extérieur a quelque chose de bizarre, l'intérieur est plus étonnant encore. Le sol est jonché de tissus grossiers et de nattes, pour protéger ceux qui l'habitent contre la fraîcheur de la terre. La tente est partagée en deux, par un voile également tissu en poil de chameau, et formant cloison. Ce local qui sert, je crois, à abriter les troupeaux, était vide lors de notre arrivée et n'a pas autrement fixé notre attention ; l'autre partie de la tente est, à proprement parler, la maison où habite la famille, et où se passent tous les détails du ménage : rien de somptueux ne la décore ; au pilier du milieu qui supporte la tente, sont appendus les armes, les brides, les carniers, en un mot, tout l'attirail de la chasse et de la guerre; dans un coin, des couvertures et des matelas, rafinement de luxe et de mollesse dû à la présence des français ; dans l'autre, les selles des chevaux, à un bout, des perchoirs où vient coucher tous les soirs la volaille, et en face les ustensiles de ménage, qui consistent en deux pierres pour broyer le grain, servant à faire le couscoussou (dans le Chapitre VI j'expliquerai la manière de préparer cet aliment et de quoi il se compose), quelques vaisseaux de fonte et de bois et les ustensiles pour le café.

Trois femmes, la figure entièrement découverte, se trouvaient dans la tente : la première, en entrant, qui comptait parmi les domestiques ou les esclaves de l'Iman, comme on voudra, était occupée à pétrir, dans un vase de bois, une pâte qui devait plus tard faire les frais d'une collation que l'Iman nous offrit. Au fond de la tente se trouvaient ses deux femmes qui vinrent avec assez de grâce à notre avance. La plus jeune, âgée d'environ 15 à 18 ans, nommée Leïma, tenait dans ses bras un enfant malade comme sa mère; elle venait, nous dit-on, de perdre un de ses frères égorgé par la tribu des Beniamers, et cette mort funeste était la cause de son mal et de sa douleur : elle nous parut fort pâle et fort maigre.

L'autre femme, qui se nommait Fathma, pouvait avoir 28 ans. C'était une très-belle brune aux grands yeux noirs et à la taille élancée. Elle paraissait vive et enjouée, et notre présence ne l'intimida pas un seul instant; elle était nu-tête. Elle portait sur le front et les joues trois ou quatre points noirs de la largeur d'une pièce de dix sous, en guise de mouches, à la manière de M$^{me}$ de Pompadour. Ses bras nus étaient tatoués par des raies noires croisées les unes sur les autres en forme de réseau ; on eût dit des mitaines de soie; c'était la marque distinctive de sa tribu ; ses ongles étaient teints en rouge; des agrafes d'argent guillochées en noir soutenaient sur chaque épaule ses vêtements de laine blanche. Elle portait au cou un immense collier composé d'amulettes, c'est-à-dire, de petits carrés de cuir, renfermant des versets du Coran, des cheveux, quelquefois des cendres ou des ossements des ancêtres. On y voyait aussi des coquillages, des objets de verroterie, des boutons d'uniforme français, et autres bagatelles. Je remarquai, au milieu de cette quincaillerie, une petite clef en cuivre, ouvrant sans doute une cassette, et je cherchai à lui faire comprendre, en prononçant le mot *douro*, que c'était la clef de son trésor. Elle me fit un signe affirmatif; mais une personne de la société, ayant exprimé par un geste significatif que c'était plutôt celle de son cœur, cette plaisanterie, qu'elle saisit fort bien, la fit rire aux éclats, et elle témoigna toute son hilarité en frappant à plusieurs reprises et avec grand bruit ses mains l'une dans l'autre. Au surplus, cette femme, qui n'entendait pas un mot de français, comprit très-bien que nous lui faisions compliment sur sa gentillesse, et la rougeur qui vint colorer ses joues me convainquit de cette vérité, que, chez les femmes, pour ces choses-là, il n'y a qu'une langue par toute la terre.

Après ces premiers compliments, Fathma retourna à son ouvrage: elle était occupée à tisser un haïc [1] en fort belle laine. Il me fût facile de me convaincre du peu de progrès que les arts ont fait chez ces peuples; car cette pauvre *Pénélope* n'avait qu'un métier fait avec de grossiers bâtons de cannes, et elle était obligée de conduire la chaîne avec son doigt à travers les fils de la trame. J'aurais donné tout au

---

[1] Le haïc est un vêtement composé d'une longue pièce de laine fine et très-claire, dans lequel les hommes et les femmes se drapent, qui fait plusieurs fois le tour de leur corps, et vient passer sur leur tête, où les hommes le fixent avec une corde de poil de chameau.

monde pour pouvoir lui offrir une navette. Du reste elle s'en tirait fort bien, et sa toile était assez régulièrement confectionnée. En voulant m'approcher pour examiner plus facilement son ouvrage, je manquai de mettre le pied sur un objet tout noir, que je pris d'abord pour un chat; mais je reculai bientôt tout effrayé, j'avais failli écraser avec ma botte un petit nègre de cinq jours étendu par terre sur des haillons. Fathma s'en aperçut, et se retournant de mon côté : *Négro*, fit-elle, avec un ton de fierté et un geste de mépris indicible. En effet, l'enfant écrasé, pour elle, c'eût été un petit esclave de moins et rien de plus.

En ce moment, Mahomet entrait au galop dans l'enceinte, et nous nous esquivâmes de la tente aussi lestement que possible, car il n'eût, sans doute, pas été flatté de nous y trouver.

## § III.

L'Iman attacha son cheval à la manière arabe [1] et vint nous témoigner tout le plaisir que lui causait

---

[1] Les arabes tendent une grosse corde à deux piquets et ras terre au-devant de leurs tentes, de 2 pieds en 2 pieds ; ils y attachent, d'un côté, un anneau en corde, et de l'autre, un bout de corde terminé par un gros nœud; ils amènent leurs chevaux près du câble, et leur passent les deux cordes à chaque jambe, de manière que l'anneau retenant le nœud de l'autre corde, le cheval a les deux jambes fixées et reste immobile, la tête tournée vers la tente. L'animal demeure ainsi tout bridé et tout sellé : voilà une écurie arabe.

notre visite. Il nous ramena dans la tente d'honneur, où il se plaça ainsi que sa mère. Ses femmes ne parurent plus, mais son fils, qui est aussi celui de Fathma, jeune arabe de 17 ans, vint se mettre debout au devant de la tente, où il resta pendant toute la visite. Jamais il ne s'y placera en présence de l'Iman; il ne lui est seulement pas permis d'y entrer; c'est un témoignage de respect que les enfants doivent donner à leur père.

Mahomet Ben-Béchar est un homme de 35 ans; sa figure un peu longue est très-distinguée; ses traits sont fins et délicats; ses yeux petits, à la fois brillants et doux, décèlent une grande finesse; son menton est à peine ombragé d'une légère touffe de barbe d'un beau noir, absolument comme la portaient nos *jeunes Frances* il y a peu de temps; ses bras et ses jambes sont nus; et, contre l'usage des bédouins, il relève le capuchon du bournous blanc dont il est vêtu, et il ne porte pas la corde de chameau qui ceint la tête de tous les arabes. Il eut soin, suivant l'usage, de laisser à l'entrée de la tente, les babouches en maroquin qui lui servaient de chaussure, de sorte qu'il avait les pieds entièrement nus.

Une conversation peu bruyante s'engagea entre nous; car il parlait fort peu le français, et nous n'entendions pas sa langue; d'ailleurs les arabes, très-laconiques, expriment souvent leurs pensées par un seul mot. Sa conversation ne laissa pas cependant que d'être intéressante, et quelques observations de détail, quelques traits nous prouvèrent la sagacité de son esprit. Ce qui excita le plus notre attention fut l'opinion émise par l'Iman sur les différents généraux qui ont commandé la province d'Oran depuis la conquête. Il passa successivement en revue les généraux Boyer, Desmichel, Lestang et Trézel, et nous fûmes étonnés de la justesse des jugements qu'il porta. Il ne s'expliqua pas sur le compte des généraux Bujeaud et de Brossard.

Pendant la conversation de l'Iman avec mon compagnon de visite, j'eus le loisir de contempler tout à mon aise l'impassible immobilité de sa mère qui écoutait avec la plus grande attention. Je trouvais à sa physionomie quelque chose d'étrange, et je finis par m'apercevoir que cette impression dépendait du bariolage de sa figure; car le dessous de ses yeux était tout barbouillé de noir, et elle portait en outre à chaque oreille, deux pendants, dont l'un était attaché au cartilage supérieur, perpendiculairement au-dessus de l'autre. Elle me fit même remarquer que ses boucles d'oreille étaient en perles fines, et elles me parurent fort mal enchâssées. Elle tenait sur ses genoux un de ses petits-fils qui avait, ainsi qu'elle, les ongles teints en rouge, et qui portait un collier formé de pièces d'or. L'Iman, durant cet examen, roulait dans ses doigts les grains d'un gros chapelet pendu à son cou, et marmotait tout bas ses prières.

## § IV.

Cependant un nègre plaça devant nous une espèce d'escabeau, d'un pied et demi d'élévation, c'était la table à manger (le lecteur n'oubliera pas que nous étions assis sur nos talons.) Il s'y trouvait trois galettes d'une pâte feuilletée, couvertes de sucre blanc écrasé. Il fallut les dépécer avec les doigts; elles étaient assez bonnes, aussi nous y fîmes honneur. On nous servit ensuite trois tasses de *caoua* ou café more. La dame qui était avec nous y trempa seulement les lèvres, et l'Iman qui, jusque-là, n'avait pris aucune part au festin, s'empara de la tasse et la vida tout d'un trait : je n'ai pas su si c'était par déférence pour la personne qui y avait touché.

Le repas fini, nous allions prendre congé de nos hôtes, quand la mère de Mahomet apporta à la *muger*, c'est ainsi qu'elle appelait notre compagne de visite, un superbe coq blanc, qu'elle lui offrit en présent. Nous la remerciâmes de notre mieux, et cette bonne femme pensant que le cadeau nous paraissait trop mesquin, voulait à toute force nous faire accepter un mouton. Nous nous retirâmes en invitant l'Iman à déjeûner pour le lendemain ; ce qu'il accepta avec un sensible plaisir.

Chemin faisant, nous passâmes près d'une tribu, et des enfants vinrent crier *soldi! soldi!* en tendant la main, suivant leur habitude ; nous leur donnâmes quelque monnaie. Leur mère ayant été témoin de ce qui s'était passé, en envoya bientôt un courir après nous, et il remit à la *mugor* un superbe œuf de poule en échange, ce qui nous sembla assez poli pour des sauvages.

Mahomet fut fidèle au rendez-vous, déjeûna de bon appétit, en se servant assez gauchement de sa fourchette ; mais il ne but que de l'eau sucrée et ne mangea aucune viande défendue par le prophète.

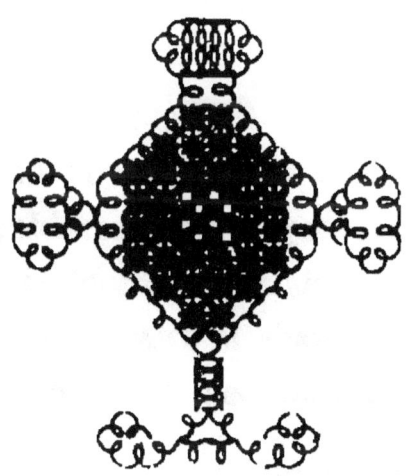

# CHAPITRE IV

### UNE VISITE AU CAMP DE MESSERGUIN[1], CHEZ JUSSUF BEY[2].

### § I<sup>er</sup>

Tout le monde a entendu parler de Jussuf bey, brave militaire, écuyer incomparable, homme aimable auprès des dames, et dont la réputation a tellement grandi depuis la prise de Bone, à laquelle il contribua si puissamment avec son ami Armandy,

[1] On prononce Miserguine.
[2] On prononce comme s'il y avait *Iousouf*, ce qui, en arabe, veut dire *Joseph*.

qu'il est devenu un personnage historique et réellement célèbre, en un mot, c'est le fameux Jussuf. Ce fut avec un vif intérêt qu'à mon arrivée à Oran, j'appris qu'il commandait le régiment des spahis [1], à trois lieues de la ville, et je fis toutes mes dispositions pour l'aller visiter. M. le colonel Randon, du 2me Chasseurs d'Afrique, eut la bonté de me donner une escorte, et muni d'une lettre d'un mien parent pour le lieutenant-colonel commandant les spahis, j'arrivai au camp d'Jussuf le 3 octobre, à 9 heures du matin; il me reçut dans sa tente avec la franche cordialité et l'élégante politesse qui caractérisent les officiers supérieurs français.

Jussuf est un homme de stature moyenne, mais parfaitement moulé dans sa taille. Sa figure, assez brune, est douée d'une expression remarquable, et ses yeux noirs jettent le plus vif éclat; sa tête est ombragée d'une belle chevelure, et sa barbe touffue, d'un très-beau noir, descend de 4 à 5 pouces sur sa poitrine; il est impossible de la porter avec plus de grâce et de dignité; une balafre assez apparente sur la figure du colonel prouve qu'il n'a pas craint de regarder souvent son ennemi en face. Jussuf se donne 30 ans, mais je crois qu'il se trompe, en

---

[1] Spahi, en arabe, signifie homme à cheval, cavalier : le régiment est composé de français et d'arabes.

moins, de 5 ou 6 dans ses calculs. Au reste, il a tout le feu, toute la gaîté et tout le brillant de la jeunesse. Le costume qu'il portait était assez original pour que je le décrive dans cet ouvrage.

Jussuf était coiffé d'un bonnet pointu en velours rouge, lamé de velours noir et enrichi de broderies d'or, ayant un petit rebord relevé d'un pouce tout autour; en un mot, c'est le bonnet à la Louis XI, tel que le porte Ligier dans la tragédie de Casimir de Lavigne. Le colonel a adopté cette coiffure, qu'il remplace souvent à cheval par un immense chapeau pointu, en paille, à la mode des scheiks de tribu. Il portait pour vêtement une blouse de toile grise, retenue à la taille par une large ceinture de cuir noir; l'ouverture de la blouse laissait apercevoir la veste turque en soie noire et à boutons d'olive qu'il porte en uniforme sous son bournous rouge; à sa blouse était attachée la croix d'Officier de la Légion-d'Honneur; un pantalon de toile grise s'arrêtant un peu au-dessous du genou, laissait deviner une jambe très-bien faite; des bas blancs et des souliers noirs à hauts talons, ayant un large revers en maroquin rouge sur le cou-de-pied, complétaient le costume du colonel. C'est dans ce galant équipage, la canne à la main, le cigare à la bouche, qu'il a eu la complaisance de me faire visiter son camp.

## § II.

Messerguiu a été jadis un agréable séjour. Avant l'occupation française, Mustapha Ben-Ismaël, chef des Douairs et des Smélas, y possédait une délicieuse maison de campagne arabe, entourée de jardins magnifiques, ombragée des plus beaux arbres, où l'oranger, le citronnier, le figuier, le bananier, le jujubier et l'élégant palmier croissaient à l'envi [1].

Messerguin est arrosé par les plus belles eaux que j'ai vues en Afrique; et sous ce beau ciel, avec de l'eau, on fait des miracles en agriculture. Aussi, lors de la conquête, les arabes croyaient que nous venions en Afrique, parce que nous n'avions pas d'eau en France, et quand on leur disait que nos campagnes fertiles étaient arrosées par de beaux fleuves, et sillonnées en tous sens par des ruisseaux limpides et de fraîches fontaines, ils demeuraient stupéfaits; on aurait pu leur répondre que nous venions chercher leur soleil brillant et créateur.

Pour aller au camp, il faut parcourir depuis Oran

---

[1] Ce qui n'empêche pas ces beaux lieux d'être visités toutes les nuits par les chacals, les panthères, les hyènes et les lions du voisinage, qui sont très-multipliés autour d'Oran. Pendant mon séjour dans cette ville, un jardinier espagnol tua une lionne de deux ans, dont je mangeai; la chair blanche comme celle du veau, est plus courte et plus sèche; je l'ai trouvai cependant assez bonne et sans aucun fumet désagréable.

trois lieues du terrain le plus sec et le plus aride; mais le site change en arrivant au milieu de l'oasis de **Messerguin**. Les jardins de **Mustapha** n'existent plus; des jardiniers espagnols ont bâti quelques misérables cabanes, et ils cultivent, autour du camp, des légumes qu'ils vendent à Oran. On y voit seulement encore de grands bassins pleins d'eau vive, quelques allées de grenadiers, de grands rejets d'orangers, dont les troncs séculaires ont servi à nos caporaux pour faire cuire la soupe, lorsqu'ils pouvaient si bien prendre du lentisque et du palmier nain. Les français détruisent tout en Afrique [1].

Le colonel **Jussuf** commande à 500 cavaliers,

---

[1] Cette réflexion paraîtra un peu sévère, mais il n'est que trop facile de la justifier, si on veut se rappeler l'incendie et la dévastation de Mascara, le saccage du magnifique jardin du dey, près d'Alger, dont M. de Rovigo a fait un hôpital, au lieu d'en conserver les belles allées d'orangers pour la promenade des malades. Le palais de **Mustapha-Pacha** changé en caserne, et dont les fontaines et les colonnes de marbre ont été enlevées, et figurent maintenant chez un apothicaire d'Alger, entre un pot de cérat et une fiole d'huile de ricin. Je demandais un jour à M. le commandant de Saint-Fargeau, du 2ᵉ Chasseurs, si Tlemecen présentait quelque chose de remarquable à voir.—« Tlemecen, me répondit-il, est le plus bel endroit » de toute la province : on y voit des arbres magnifiques, » des jardins superbes; *nous n'avons pas eu le temps de* » *les ravager.* »

Il faut cependant, pour être juste, dire que les français ont fait de belles plantations de mûriers à Alger, tracé des routes superbes, et construit des camps qui seront les premiers fondements de villes nouvelles.

dont les deux tiers sont arabes. Ces cavaliers sont armés, montés et équipés à leurs frais, comme les gendarmes de France; leurs chevaux sont remarquables, mais le plus beau de tous est le cheval blanc d'Jussuf, le plus admirable coursier de l'Arabie.

## § III.

Après la visite du camp, le colonel nous conduisit à la salle à manger, construite en feuillage : Jussuf fit très-bien les honneurs d'un déjeûner confortable, où le Bordeaux et le Champagne coulèrent à longs flots. Je remarquai surtout avec quelle dextérité le colonel dépéça, sur la pointe de sa fourchette une volaille, dont il détachait une aile ou une cuisse, comme il eut fait la jambe ou le bras d'un bédouin, sur le champ de bataille.

Pendant tout le déjeûner, le colonel déploya l'aisance et la facilité qui caractérisent les vrais fashionables de Tortoni et du Café de Paris. Un domestique nègre, armé d'un éventail de plumes d'autruche, ne cessa, durant tout le repas, de chasser les mouches qui incommodaient les convives. En France on n'a pas encore trouvé le moyen de se débarrasser des parasites qui assiègent nos tables.

Après déjeûner, nous nous rendîmes au *café de*

*l'état-major* pour prendre notre demi-tasse et deviser un moment. Nos lecteurs s'imaginent, sans doute, nous voir dans un salon plafonné, lambrissé et couvert d'une riche tenture de papier, prenant le café sur des tables à dessus de marbre, jouant au domino, ou lisant les journaux ; rien de tout cela ne se présenta à mes regards. Que l'on se figure une enceinte circulaire, entourée d'un côté par une palissade à claire-voie, et de l'autre par un mur en torchis grossièrement façonné, pour préserver un peu du vent ; au milieu un grand figuier, dont les rameaux bienfaisants projettent une ombre protectrice contre l'ardeur du soleil ; ses racines sont baignées par une eau limpide qui serpente en murmurant, et fait tourner une petite roue de bois, comme les enfants s'amusent à en faire en France ; pour siéges des bâtons de ciguë, liés les uns aux autres en carré, dans la forme exacte des geôles avec lesquelles on prend des oiseaux dans la neige. Tel est le café de l'état-major du camp de Messerguin.

Un arabe nous apporta à chacun des tasses de café, dont le marc est mêlé avec l'eau dans laquelle on l'a fait bouillir ; le tout assaisonné avec de la cassonade blonde, compose une façon de pâte que l'on appelle du *café more*, qui n'est cependant pas désagréable à boire, mais dont il faut laisser la moitié au fond de la tasse ; après le café, circulèrent les cigares dont on fait une consommation énorme en Algérie ; et sur mon refus d'en allumer un, le colonel eut la bonté de m'envoyer chercher une superbe pipe qu'il tient de la munificence du bey de Tunis. Cette pipe, de 6 pieds de long, était terminée par un énorme bout d'ambre, enrichi de diamants, de saphirs, de rubis et de perles fines, figurant des croissants, des losanges et mille dessins variés ; il y avait de quoi faire venir l'eau à la bouche de nos amateurs de France. Je ne pouvais raisonnablement me refuser à fumer une semblable pipe, chargée de tabac de Chine, et allumée par Jussuf, quoique ce fut la première fois de ma vie, aussi m'en tirai-je tout juste, moitié toussant, moitié crachant, comme un renard que l'on fume dans sa tanière.

Je fus témoin, pendant cette séance, d'un enrôlement dans les spahis d'Afrique : un grand diable de bédouin, enveloppé dans son bournous blanc, et la tête ceinte de la corde noire en poil de chameau, se présenta, demandant à entrer dans le régiment.

Le colonel le toisa rapidement, puis l'envoya au chirurgien-major et au capitaine d'habillement, et Louis-Philippe compta bientôt un soldat de plus sous ses drapeaux. Il n'est dès-lors pas étonnant que les désertions soient aussi fréquentes dans les régiments de spahis : à quelques jours de là, on découvrit que ce grand bédouin était un émissaire d'**Abd-el-Kader**, et on le chassa du corps des spahis.

Nous revînmes respirer le frais dans la maison du colonel, où de nouveaux sujets de curiosité nous attendaient.

## § IV.

La maison elle-même est déjà fort digne d'attention ; elle est placée dans une espèce de ruelle fort étroite, afin d'obtenir un courant d'air, et le seuil en est constamment arrosé d'une eau limpide qui y entretient une agréable fraîcheur ; après un vestibule couvert en roseau, on rencontre une natte à mailles rapprochées, qui ne laisse pénétrer qu'un demi-jour très-faible dans l'intérieur, je ne dirai pas du salon, mais du *boudoir* du colonel ; la pièce, trois fois plus longue que large, suivant la mode arabe, est garnie de tentures en velours rouge, coupées par de larges bandes verticales en soie jaune et or ; à une des extrémités, un large rideau de soie ferme l'entrée de la chambre à coucher, et de la salle de bain qui y est attenante ; à l'autre brille un magnifique râtelier d'armes précieuses, par la matière et le travail des ciselures, et plus encore par le souvenir historique qui s'y rattache. On y remarque, entr'autres, un magnifique yatagan couvert de pierreries, donné, ainsi que la belle pipe, par le bey de Tunis; un sabre persan, imitant le disque échancré de la lune, et dont le fourreau est couvert de perles fines; plus loin, un large poignard à la profonde gouttière, que l'empereur Nicolas fit remettre à Jussuf par leur ami commun, Horace Vernet; des fusils précieux, donnés au colonel par les ducs d'Orléans et de Nemours; un immense bouclier ciselé, en cuivre jaune; la dague meurtrière d'un brigand fameux, dont le colonel purgea la province de Bone, au péril de sa vie; enfin les deux morceaux les plus remarquables sont l'épée à poignée d'or du roi de Naples, offerte à Jussuf par Mᵐᵉ Murat, et le sabre que Napoléon portait à la bataille de Waterloo, présent inestimable, qu'il tient de la générosité de la reine Hortense. C'est avec une satisfaction profonde qu'un français retrouve cette arme simple et précieuse, échappée à la rapacité avide des anglais, et reposant dans la tente du brave Jussuf, sur une terre conquise par la valeur française.

Je ne parlerai pas maintenant de mille bagatelles brillantes que Jussuf a rapportées de son voyage de France, mais je signalerai, cependant, une paire de pistolets, miniature sortant de l'écrin de la princesse Bagration, armes d'un travail exquis et prodigieux; un riche coussin de velours tout brodé d'or, ouvrage de la fille du bey de Tunis, et qu'elle lui a donné en souvenir de doux moments passés à ses pieds, et une tabatière ovale en or, enrichie de dix-huit brillants, formant un dessin au milieu, entouré de deux branches d'olivier, présent envoyé par Louis XV au bey de Tunis. Le reste du salon est meublé à l'européenne, et tous les arts que Jussuf aime et cultive y ont payé leur tribut; aussi n'est-ce pas sans étonnement que j'ai aperçu un petit orgue expressif, et que j'ai surtout entendu le colonel en tirer d'harmonieux accords, parmi lesquels j'ai reconnu *la Folle*, *le Carnaval de Venise* et *le Galop de la tentation*. C'est alors que le colonel s'est pris à parler de la France, de Paris, qu'il regrette et vers qui il tourne d'amoureux regards. L'Afrique, théâtre de ses exploits, n'a désormais plus rien qui le charme et l'intéresse; il oublierait même son beau coursier, pour les gracieuses houris de la France dont le souvenir berce ses songes. Jussuf n'a plus d'autre désir, d'autre espérance que de revenir au milieu de *ces belles sociétés de Paris*, dont il parle sans cesse.

Versailles, St-Cloud, Fontainebleau, le faubourg St-Germain, ont remplacé dans son cœur, l'Atlas, la Montagne du Lion et les plaines d'Oran et de Bone. Il veut, à toute force, revoir la France, ce qui se comprend bien de sa part, car Jussuf est tout-à-fait français. En effet, d'un caractère léger, folâtre, enjoué, sémillant d'esprit et de réparties, dandy même, fou de musique et de plaisir ; la gloire, les femmes [1] et les chevaux, voilà sa devise.

J'avais été accueilli deux fois dans son camp d'une manière si flatteuse, que je ne voulus pas quitter Oran sans lui faire mes adieux. En conséquence, je lui adressai la lettre suivante :

« Monsieur le Colonel,

» J'éprouve un vif regret de quitter Oran, sans
» avoir pu aller prendre congé et vous faire agréer

---

[1] Le colonel me pardonnera bien, sans doute, de raconter *à son endroit* une petite anecdote qui fit les délices des boudoirs d'Oran, peu de temps avant mon passage.

Il paraît que le camp de Messerguin ressemble un peu au paradis de Mahomet, et que certains êtres mystérieux se glissent, quelquefois, sous la forme de houris célestes, dans la tente du spahi, pour adoucir à son cœur l'âpreté du désert, et répandre quelques charmes sur sa solitude.

Or, il advint un certain jour que le colonel ayant à se plaindre de son cuisinier, et voulant lui donner une leçon sévère, ne daigna pas même toucher à son déjeûner du bout des dents, et alla chercher fortune à la table de son état-major.

Cependant, au moment de quitter sa tente, il appela le brigadier de planton et l'installa à sa place dans la salle à manger.

Le spahi, peu accoutumé à une chère aussi succulente, ne se le fit pas dire deux fois, et se rua avec avidité sur les plats sans perdre un coup de dent ; mais comme un bonheur ne vient jamais seul, tandis qu'il exécutait militairement cette consigne si douce et si nouvelle pour lui, il aperçut une main blanche soulever lentement la draperie du salon, et bientôt apparut une gentille petite créature qui choisissait de préférence cette heure pour visiter le colonel. Le brigadier, sensible et galant, lui

» mes adieux de vive voix ; mais je ne puis partir,
» sans vous réitérer mes sincères remerciments pour
» l'accueil tout distingué que j'ai reçu dans votre
» camp, à Messerguin.

» Je rentre en France, monsieur le Colonel, dans
» ce pays de la courtoisie et de l'exquise politesse,
» que je ne croyais pas avoir quitté, tant que je
» suis resté près de vous.

» De retour dans la mère patrie, j'y dirai qu'au
» milieu des déserts de l'Afrique, on reçoit la plus
» noble hospitalité, et que chez les spahis d'Oran

fit aussitôt le plus aimable accueil, et l'invita à partager son déjeûner. La jeune personne, profondément touchée de cette politesse, ne voulut pas demeurer en reste avec son amphitryon; et comme elle connaissait, à point nommé, le domicile du Champagne, cette Hébé de contrebande le fit bientôt couler dans les verres à flots écumeux.

Il y a loin d'un brigadier à un colonel ; mais l'amour ne connaît pas les distances, et on ne les distingue plus d'ailleurs à travers les fumées du Champagne et du Bordeaux ; aussi le spahi menait-il déjà grand train les affaires. Malheureusement les plus beaux songes finissent souvent par un coup de tonnerre. Le sentiment était à son paroxisme, tout allait pour le mieux, dans le meilleur des mondes possibles, quand la porte s'ouvrit brusquement, et le colonel parut sur le seuil.

La houri, à cet aspect foudroyant, s'éclipsa comme une ombre légère, emportant le sceau de la colère d'Jussuf, gravé à l'aide de l'extrémité de sa botte; le brigadier s'en fut, de son côté, à la salle de police, méditer sur l'inconstance et la vicissitude des choses humaines ; pour le colonel, il demeura convaincu de cette immense vérité, qu'il est toujours dangereux d'abandonner à qui que ce soit sa maîtresse et la clef de sa cave.

» tout est français, hors le costume. Je n'oublierai
» jamais la manière flatteuse dont j'ai été reçu par
» un des plus braves et des plus aimables colonels de
» l'armée, et le nom d'Jussuf me rappellera toujours
» un des charmants épisodes de ma vie.

» C'est sous l'impression de ces heureux souvenirs
» que je vous prie, monsieur le Colonel, de croire
» aux sentiments de haute considération et de dé-
» voument, de votre très-humble et très-reconnais-
» sant serviteur. »

# CHAPITRE V

**LE LAC SEBGA. — LA CHASSE AUX PERDRIX. — LA LÉGENDE ARABE.**

## § I<sup>er</sup>

En quittant Messerguin, nous nous dirigeâmes avec notre escorte vers le lac Sebga [1], éloigné du camp d'environ une lieue. Ce lac, sans communication apparente avec la mer, dont il est à quatre heures de marche, est rempli d'eau salée pendant la mauvaise saison de l'année, ensuite il se dessèche

---

[1] Sebga signifie *salé*, en arabe.

complètement, de sorte que les tribus des Beniamers le traversent à pied sec pour venir à Oran.

A une certaine distance, et lorsque le soleil frappe sur les écailles salines dont il est couvert, il a tout-à-fait l'aspect de la mer vue de loin, mais y est-on arrivé, ce n'est plus qu'une grande mare desséchée et couverte de crevasses. Cependant on aperçoit une légère croûte blanche épaisse d'un pouce environ dans plusieurs endroits, dans d'autres on ne rencontre le sel qu'à une certaine profondeur.

Les arabes l'enlèvent et le vendent à Oran : pour le ramasser, ils se servent d'un bâton qu'ils enfoncent dans la terre, et détachent par ce moyen des croûtes larges comme les deux mains qui offrent l'apparence, la couleur et la porosité d'un gâteau de pain d'orange. Le pied des chevaux, en foulant la terre du lac, produit la crépitation qu'on remarque en France sur la neige, après une gelée. Le lac desséché offre une surface aussi unie que quand il est plein d'eau ; il a deux lieues de large et environ dix de long.

On remarque sur le Sebga des effets de mirage fort extraordinaires et jusqu'ici inexpliqués par la science. Ainsi, on croit souvent apercevoir une ville arabe avec ses maisons en terrasses et ses minarets, sur l'autre bord du lac ; on approche, le doute se dissipe, c'est bien réellement une ville qui apparaît aux yeux du voyageur étonné; il hâte le pas pour y arriver, mais l'illusion s'évanouit tout-à-coup, et il n'aperçoit plus alors que la plaine et ses palmiers nains.

Si un homme traverse à pied le lac, à une certaine distance on est tenté de le prendre pour un patagon; un cavalier a toujours l'air d'être monté sur un chameau, car le lac a la propriété d'allonger prodigieusement les jambes qui le parcourent, sans grossir les corps dans la même proportion.

Pendant une partie de chasse que je fis dans les environs du Sebga, j'acquis la preuve que les hommes les plus exercés sont souvent trompés par les effets du mirage. Au retour de la chasse nous côtoyions le lac environ à une demi-lieue, lorsque nous aperçûmes des cavaliers qui le traversaient, se dirigeant sur nous; le colonel Jussuf qui, depuis long-temps, habite le pays et connaît parfaitement les effets bizarres produits par le Sebga, n'hésita pas à penser que les six cavaliers étaient montés sur des chameaux. Le colonel Randon du 2$^{me}$ Chasseurs d'Afrique, qui ne comptait encore que trois mois de séjour dans la province d'Oran, craignant d'être le jouet de l'illusion, soutint que les six hommes qu'on apercevait n'étaient montés que sur des chevaux. Jussuf insista, se fondant sur son expérience de la localité; le colonel Randon ne voulut pas abandonner son avis;

les amateurs qui avaient suivi la chasse, parmi lesquels se trouvaient bon nombre d'arabes, se partagèrent entre les deux opinions des colonels : on paria du vin de Champagne, et bientôt on acquit la certitude que les six chameaux du colonel Jussuf et les six chevaux du colonel Randon, n'étaient autre chose que six arabes traversant à *pied* le Sebga.

## § II.

En quittant le lac, nous nous dérigeâmes vers Oran, à travers la plaine, ayant pour nous guider à notre droite, la montagne du Lion (*le Gebel-Kar*), et à notre gauche, le fort *Santa-Cruz*, bâti au-dessus de la ville. Ce fut une véritable course au clocher ; à travers les palmiers nains, les pierres et les ravins profonds qui, l'hiver, servent de lits aux torrents.

La terre que nous foulions, habitée par des tribus nomades, ne produit qu'un seul genre d'arbrisseaux ; le palmier nain, jeté çà et là, par touffes multipliées. Cet arbuste ne s'élève pas à plus de 3 pieds de hauteur et forme des cépées grosses comme celles de nos rejets de chêne d'un an.

La plante se compose de plusieurs feuilles d'un beau vert, elle imite parfaitement un éventail dont les ais seraient placés de champ, séparés les uns des autres et attachés au bout d'une baguette longue d'un pied. Cette plante est d'un grand secours pour les arabes : elle leur sert à faire la litière pour eux et leurs chevaux ; ils en font aussi des balais, s'en servent pour couvrir leurs cabanes, pour faire du feu, et enfin, ils en mangent la racine que l'on dit fort bonne et très-tendre.

Dans les intervalles, le terrain est ensemencé d'orge ou de blé dur [1] par les bédouins, qui ne se donnent pas la peine d'arracher les palmiers nains, dont les racines d'ailleurs pivotent, dit-on, à plus de 12 pieds de profondeur, ce qui permet à cette plante vivace de résister aux chaleurs dévorantes de l'été.

Dans notre course, nous ne rencontrâmes rien de remarquable qu'un troupeau de 200 chameaux, au milieu desquels nous passâmes, et quelques arabes demi-nus, portant des lapins et des perdrix au marché d'Oran. Leur manière de les prendre est assez curieuse pour mériter les honneurs d'une description : plusieurs chasseurs armés de bâtons se postent sur les trous, et les autres battent la plaine en poussant de grands cris ; dès qu'il déboule un lapin, ils le poursuivent à outrance ; l'animal, à moitié étourdi

---

[1] On nomme blé dur, une espèce de blé dont la farine ressemble à de grosse semouille ; on n'en récolte pas d'autre en Afrique. Le pain que l'on fait avec ce blé est bon, quoique fort noir.

par les clameurs, ne sait où fuir, s'arrête et est souvent assommé au milieu de sa course, ou va périr à l'entrée du clapier sous le bâton de l'arabe placé en embuscade.

Les bédouins sont aussi très-adroits à la chasse de la perdrix; ils la font lever plusieurs fois, et la poursuivent avec beaucoup de vitesse dans les palmiers : quand leurs chiens en signalent quelqu'une dans une touffe de ces arbustes, ils l'entourent aussitôt, font partir l'oiseau, qui s'élève en l'air, et ils lui lancent le court bâton qu'ils ont en main avec tant de précision et de justesse, que la perdrix échappe rarement à leurs coups habilement dirigés, et tombe presque toujours étourdie entre leurs mains. Aussi vend-on les perdrix vivantes au marché; elles sont alors fort maigres et l'on est obligé de les mettre dans la mue, comme la volaille, pour les engraisser avant de les manger. Je n'ai point vu faire ces deux chasses, mais je tiens ces détails d'un homme digne de foi, qui habite depuis long-temps la province.

## § III.

Un des arabes qui marchaient devant nous, se détourna bientôt de sa route; nous le vîmes ramasser une pierre et la porter d'un air recueilli vers un monticule également en pierre, surmonté d'un petit drapeau; mon homme se prosterna dévotement, déposa son offrande, et vint reprendre ensuite la route. Je fus curieux de connaître ce que cette démarche signifiait; un de mes compagnons de voyage me raconta la légende suivante :

« Sydy-Abdérakman fut dans son temps un homme
» de la plus grande piété, et Allah, pour proclamer
» la sainteté de son serviteur, lui conféra, comme à
» Mahomet, le don de prophétie. Afin d'acquérir
» une vertu encore plus éminente, il se retira sur
» une haute montagne, où il demeura en contempla-
» tion *deux mille ans sur un seul pied!!!* Après ce
» temps, Mahomet lui expédia sa jument Borack, sur
» laquelle il monta au ciel, où il vit encore, et d'où
» il envoie de bons conseils et d'heureuses inspira-
» tions aux vrais croyants, aux juifs et même aux
» infidèles, c'est-à-dire, aux chrétiens.

» Quand un arabe se trouve dans une situation
» critique ou périlleuse, et dans un grand embarras,
» il adresse aussitôt sa prière à Sydy-Abdérakman,
» qui ne manque jamais de lui apparaître et de lui
» donner un avis salutaire. L'arabe ainsi secouru,
» doit planter en ce lieu un drapeau et placer une
» pierre à côté, et tout vrai croyant, en passant près
» de là, se détourne de son chemin, se rend porter
» une pierre auprès du drapeau, où il la dépose
» avec le plus profond respect. »

Les arabes des tribus racontent que Sydy-Abdérakman apparut un jour à Maïdim, père d'Abd-el-Kader, sous la forme d'un nègre portant une pomme et demandant à parler au Sultan. — Il n'y a pas de Sultan dans ces lieux, répondit le marabout Maïdim. — Mais l'esclave insista, et voulut parler à son fils, à qui il remit la pomme, en lui disant : « un jour » tu seras Sultan », après quoi il disparut.

C'est ainsi que les arabes expliquent l'élévation rapide et la puissance de l'émir Abd-el-Kader.

# CHAPITRE VI

**UNE FÊTE ARABE. — LES COURSES. — LE RABAT. — LE DÉJEUNER ARABE.**

## § I$^{er}$

Depuis mon arrivée en Afrique, et au milieu des courses que j'avais déjà faites, il ne m'avait été possible d'entrevoir les arabes qu'à la dérobée, sans pouvoir apprécier un peu leurs mœurs, étudier leurs usages et comprendre leur caractère. Une circonstance unique se présenta pour moi, et je la saisis avec d'autant plus d'avidité, que très-peu d'européens ont été à même d'en profiter pendant leur séjour en Algérie.

Le colonel Jussuf, commandant les spahis, m'invita à assister à une fête et à une chasse arabe, qui devaient avoir lieu près des sources d'Aïn-Bridia, et je n'eus garde de manquer à un aussi intéressant rendez-vous.

Je partis d'Oran à 5 heures du matin, en la compagnie du colonel Randon, du commandant de S¹-Fargeau et d'une partie des officiers du 2ᵐᵉ Chasseurs, ainsi que de plusieurs arabes, parmi lesquels se trouvait un brave chef de tribu des Douairs, nommé Mon-Médin, et à 8 heures du matin, nous arrivâmes sur le lieu de la fête, à laquelle les spahis réguliers d'Oran devaient prendre une grande part.

Cette fête avait lieu près d'un marabout fameux [1], celui de Sydy Aly-bou-Tlilis, et en l'honneur de deux marabouts du même nom, le père et le fils, enterrés dans cet endroit de la plaine, et pour l'anniversaire de leur mort.

Une grande quantité d'arabes, appartenant aux

---

[1] On nomme *marabouts*, en Afrique, certains prêtres de la religion mahométane, et par extension, on a donné ce nom à la petite construction carrée et surmontée d'un dôme que les arabes élèvent sur la sépulture des marabouts, qui ont laissé une grande réputation de sainteté.
On trouve des marabouts dans toutes les campagnes de l'Afrique; ce sont des lieux très-révérés par les arabes, et souvent des français ont payé de leur vie la curiosité qui les portait à y entrer, témoin un malheureux capitaine d'Infanterie, près de Belida, en 1838.

tribus amies des Douairs et des Smélas, s'y trouvait déjà en armes et à cheval. La fête était commencée quand nous arrivâmes. Les acteurs et les spectateurs se trouvaient placés sur deux lignes parallèles et éloignées de cinq cents pas l'une de l'autre; elles formaient une très-longue allée, ouverte aux deux extrémités. A un bout, à l'Ouest, on voyait les cavaliers qui prenaient part à la fête, et après eux les gens à pied, simples spectateurs de ce tournoi oriental.

Sur un des côtés on avait dressé des tentes, et dessous je vis les chefs des tribus assis les jambes croisées sur des nattes, et fumant leurs pipes avec l'impassibilité dont ils ne se départent jamais.

Les joutes militaires consistent dans les exercices suivants : plusieurs arabes partent à la fois de l'extrémité de la carrière par deux ou par quatre, et s'avancent en la parcourant dans toute sa longueur, au triple galop, ventre à terre, en poussant des hourras et des cris sauvages; ils placent à l'épaule leur long fusil, que, suivant l'usage, ils tiennent ordinairement devant eux en travers de la selle, font le simulacre d'ajuster un ennemi sur lequel ils semblent fondre comme un vautour sur sa proie, et lorsqu'ils sont arrivés au bout de la lice, ils tirent leur coup de fusil, et font ensuite pirouetter l'arme sur leur tête en forme de moulinet; quelquefois ils la lancent en l'air et la rattrapent avec beaucoup d'adresse.

Le coup parti, ils détournent leurs chevaux à gauche et reviennent au pas, par derrière les spectateurs, au lieu d'où ils sont partis, pour recommencer encore.

Un des grands mérites des cavaliers qui courent ensemble, consiste à marcher toujours de front, sans que la tête d'un cheval dépasse l'autre; et si, par maladresse ou désir de se faire remarquer, quelqu'un d'eux franchit la ligne, celui qui se trouve en arrière a le droit de lui décharger son coup de fusil dans le dos, au risque de mettre le feu à son bournous.

Les cavaliers se donnent aussi souvent le plaisir d'exécuter des *phantasias*, exercice qui consiste à faire faire des bonds, des sauts et des cabrioles à son cheval, à le faire caracoler, se cabrer, ruer, hennir, piaffer avec colère, blanchir son mors d'écume. Les arabes sont très-friands de cette manœuvre, c'est le manége de prédilection de nos dandys dans leurs promenades au bois de Boulogne, sans songer, le moins du monde, qu'ils pratiquent la *phantasia* arabe.

## § II.

Les spahis, à leur arrivée dans l'arène, exécutèrent ensemble une charge brillante suivie de la détonation de toutes leurs armes qui produisit beaucoup d'effet. Mais bientôt ils reprirent leur allure arabe (ils le sont presque tous) et partirent de deux en deux, confondus avec des bédouins, dont ils se distinguaient seulement par leurs turbans et leurs bournous rouges, et passèrent devant les spectateurs comme des traits rapides.

Les cavaliers arabes ne vont que par bonds et par sauts, et ne connaissent que le pas et le galop; le trot les fatigue bientôt, et avec cette allure bien soutenue, on a facilement raison d'eux. Nous en fîmes, dans cette journée, une expérience remarquable et qui m'étonna fort.

En quittant Messerguin, le colonel Randon prit un grand trot allongé. Les arabes qui voyageaient de conserve avec nous, restèrent en arrière et nous rejoignirent bientôt au moyen d'un bon temps de galop; ils cherchèrent même à nous entraîner, mais le colonel fit soutenir toujours la même allure. Les arabes se remirent au pas et nous laissèrent trotter tous seuls, puis nous rejoignirent encore au galop; mais, comme nous filions toujours roide, ils envoyèrent demander au colonel de mettre ses chevaux au pas, car ils ne pouvaient plus nous suivre. Cette observation pourrait être fort utile dans une marche de longue haleine ou dans une retraite.

Ce fut pendant ces jeux équestres que j'eus le

plaisir d'admirer le colonel Jussuf monté sur son superbe cheval blanc. L'homme est le premier écuyer et le cheval le premier coursier de l'Afrique ; je ne puis me lasser d'en parler avec détail.

Le colonel avait entièrement quitté son uniforme de spahis, pour revêtir un riche costume arabe. Il était enveloppé dans les plis d'un superbe haïc du tissu le plus moelleux, retenu sur sa tête par une très-grosse corde noire en poil de chameau, faisant cinq ou six tours ; au dernier était passé une double chaîne d'or à laquelle pendait, derrière l'oreille droite, un médaillon en brillant ayant la forme d'un triangle : quelques personnes me dirent que c'était le signe distinctif du belik, et en effet cette dignité avait été conférée à Jussuf lors de la première expédition de Constantine, et il en eut exercé les fonctions suprêmes, si la fortune n'eut pas trahi nos armes cette fois ; mais j'ai appris depuis que ce médaillon, dans lequel on renferme des versets du Coran, était la décoration des Adjys [1].

Par-dessus le haïc, le colonel portait un bournous blanc recouvert d'un bournous noir ayant une bordure blanche brodée d'or ; le capuchon du bournous

---

[1] On nomme ainsi les dévots musulmans qui ont fait le voyage de la Mecque ; ils ajoutent ordinairement ce nom au leur, ce qui est très-honorable dans le pays.

Turc.    Arabe.

blanc sortait par-dessus le noir [1]; une riche ceinture à glands d'or entourait sa taille; à son côté brillait un riche yatagan couvert de pierreries ; il portait aux pieds des bottes jaunes brodées en couleur, appelées *toumacs* dans le pays. Ces bottes, qui ressemblent un peu à la chaussure bouffante des anciens chevaliers français, sont très-élégantes; elles supportaient deux grands éperons arabes ciselés en argent, dont la tige a au moins six pouces de longueur.

La magnificence du harnais répondait à la richesse du costume du cavalier. La selle arabe dont se sert Jussuf est, pour ainsi dire, en argent massif, en y comprenant le mors de bride, les étriers et les éperons. On y a employé, m'a-t-on assuré, 55 livres pesant d'argent. On remarquait encore de riches fontes en velours brodées en or, et des plaques d'argent ciselées sur les œillères et tous les cuirs de la bride; les étriers d'argent étaient soutenus par des cordons de soie rouge et or remplaçant les étrivières; à droite de la selle pendait une immense timbale d'argent attachée à une longue corde de soie; elle sert au colonel pour puiser aux sources qu'il rencontre à la chasse et à la guerre. Rien n'était beau

---

[1] Ce bournous noir n'est guère porté que par les Douairs et les Smélas des environs d'Oran, les autres arabes le portent blanc.

comme le cheval de Jussuf sous ce riche harnachement.

Il a fourni deux courses pendant la fête ; il fallait le voir foulant la terre d'un pied vainqueur et portant haut sa noble tête : l'éclair jaillissait de ses yeux, et il étalait majestueusement au soleil les crins longs et ondoyants de sa belle queue déployée en éventail qui ressemblait à une cataracte d'argent.

Le cavalier était encore plus beau que le cheval : Jussuf est passé deux fois au galop devant nous en la compagnie d'un brave chef de tribu nommé Béchir, avec lequel il fournissait la course. Le colonel des spahis est le seul des cavaliers à qui j'ai vu exécuter un tour d'adresse vraiment surprenant. Au moment le plus rapide du temps de galop, il abandonne les rênes sur le cou de son cheval, place son fusil à l'épaule, ajuste en se retournant de plein corps sur sa selle, de manière à faire tout-à-fait face à la croupe, et dans cette posture vraiment inimaginable, il tire son coup de fusil comme s'il visait un ennemi le poursuivant dans sa retraite, reprend aussitôt sa position en faisant le moulinet sur sa tête avec son fusil, et se perd ensuite dans le tourbillon de poussière qu'il fait voler sur ses pas.

Ces courses brillantes, et pendant lesquelles il n'est pas arrivé le plus léger accident, ont duré ainsi jusqu'à 10 heures, et, malgré l'uniformité des exercices, elles soutenaient toujours l'intérêt, tant il est beau de voir les arabes et leurs chevaux fournir la carrière [1].

## § III.

A ce moment un chef a donné le signal, et les courses ont cessé pour faire place à un autre exercice nommé le *rabat*.

---

[1] Ces courses sont terribles pour les malheureux chevaux, que les bédouins traitent sans aucun ménagement. C'est une grave erreur de croire sur la foi des romances et des ballades, que les cavaliers arabes affectionnent leurs chevaux ; ils les apprécient pour leur bonté, s'en servent, les épuisent de fatigue et les changent dès qu'ils ne valent plus rien.

Je fus témoin, pendant les courses, d'un incident bien propre à confirmer cette opinion dans mon esprit. Le fameux Béchir montait un très-beau et très-bon cheval gris-blanc, et soit qu'il n'eût pas répondu aux désirs de son maître, ou qu'il eût fait un faux mouvement, le cavalier, au lieu de lui chatouiller les flancs avec ses longs éperons pointus, en relevant les talons vers les reins du cheval, lui avait enfoncé près d'un pouce de sa tige de fer dans le ventre, de telle sorte que le sang jaillissait comme d'un robinet.

Je m'avançai avec tous les officiers de cavalerie présents, qui avisaient au moyen de fermer la blessure et d'étancher le sang du malheureux cheval ; pour Béchir, il quitta les étriers d'un air indifférent et fut se coucher nonchalamment sous sa tente, laissant son coursier aux mains de ses nègres, qui ne s'en occupaient guère plus que lui.

Le *rabat* est une lutte d'adresse qui a un certain rapport avec l'exercice connu en France sous le nom de *savate*. Voici en quoi il consiste :

Les courses duraient encore, lorsque deux nègres portant chacun sous le bras gauche une espèce de tuyau en terre, long de deux pieds et de six pouces de diamètre, fermé par un bout avec une peau de mouton bien tendue, et soutenu par une corde passant en sautoir sur l'épaule droite, se mirent à frapper avec leurs mains comme s'ils eussent battu du tambour, une batterie semblable au mouvement des pieds d'un cheval lancé au grand galop.

A ce signal, les courses cessèrent, tous les arabes à pied se formèrent en cercle, de manière à laisser une vaste arène pour les lutteurs. D'un côté se trouvaient placées en rond les tentes des chefs de tribus qui s'y tenaient assis, les jambes croisées, sur des tapis. Après les tentes, les hommes à pied, accroupis par terre, formant le ceintre, et derrière eux les cavaliers montés sur leurs chevaux et tenant leurs fusils de bout, la crosse reposant sur la selle. Ce coup d'œil était très-imposant.

La police de l'assemblée était faite par les chiaoux des chefs. Ces individus cumulent les fonctions de gendarmes, d'agents de police et d'exécuteurs des hautes œuvres; ce sont eux qui tranchent les têtes avec le yatagan, mais le jour de la fête, ils se contentaient de procéder avec le bâton dont ils administraient force coups, de main de maître, et sans dire *balek*[1], pour faire déloger les indiscrets qui avaient envahi nos places réservées, et qui recevaient cette grêle de coups sans proférer une plainte.

Cependant les tambours battaient constamment pour engager les lutteurs à se présenter. Tout-à-coup je vis sauter dans l'arène un homme presque nu, n'ayant qu'un simple caleçon pour tout vêtement. Les deux tambours vinrent à son avance, en redoublant d'ardeur et de coups sur leur singulier instrument, et l'accompagnèrent dans le cirque. A sa vue la galerie fit entendre des hurlements aigus, qui témoignaient du plaisir de l'assemblée.

Pour le lutteur, il sautait lentement d'un pied sur l'autre, cherchant à suivre la mesure de cette étrange musique; tantôt il s'élançait par bonds, ou se courbait jusqu'à terre, appuyant ses mains sur le sol; aussitôt il se relevait fièrement, et les brandissant au-dessus de sa tête, il provoquait ses ennemis au combat; puis il continuait à sauter d'un pied sur l'autre, le corps penché en avant, et faisait ainsi le tour de l'arène, toujours suivi des deux tambours.

---

[1] *Balek*, veut dire *gare* en arabe ; c'est le premier mot qu'on entend et qu'on prononce en arrivant dans les rues étroites et sinueuses d'Alger.

Dans ce moment un spahi, arabe d'origine, se présenta pour combattre, et les cris des spectateurs n'eurent plus de bornes. Nous vîmes alors deux individus habillés avec des espèces de chemises blanches, se présenter auprès des athlètes, exécutant des marches et des contremarches, passant entre les lutteurs, et faisant mine de les séparer : c'était les deux témoins dont la mission consiste à s'interposer entre les combattants, s'ils viennent à tomber l'un sur l'autre, ou à s'enlacer de leurs bras, car c'est avec le *pied*, seulement, qu'il est permis de s'atteindre à une certaine partie du corps, et dans des circonstances données. J'éprouve ici une grande difficulté pour décrire le *rabat*; je vais cependant l'entreprendre et le faire de mon mieux.

## § IV.

Il faut réellement avoir l'agilité et la souplesse de nos saltimbanques et de nos baladins de places publiques, pour se distinguer aux jeux du *rabat*.

Les deux lutteurs, après s'être promenés quelque temps dans l'arène, finissent par se rapprocher l'un de l'autre en se menaçant du regard, et c'est le moment du combat. Ils se placent ordinairement côte à côte, comme deux hommes qui veulent marcher de front; ils penchent seulement le corps et la tête en avant, de manière qu'étant courbés ils aient plus de facilité pour leurs évolutions. Ainsi placés, il s'agit d'appliquer à son adversaire un coup sur la nuque, avec la plante du pied, au moyen d'une pirouette. Le lutteur de gauche doit faire un tour à gauche sur la jambe du même côté, et avec le pied droit frapper son adversaire, qui baisse la tête pour éviter le coup, et envoyer son ennemi bondir *à quatre pattes* dans la poussière, ou bien par une riposte habile et prenant l'inverse, il pirouette à son tour du côté droit, sur la jambe droite, et lui applique le pied gauche sur le cou.

Il n'y a rien de plaisant comme de voir les lutteurs voltigeant comme des moulinets, faire le télégraphe avec leurs jambes et leurs bras, et s'entortiller l'un dans l'autre, jusqu'à ce que les témoins viennent les séparer; s'ils tombent ainsi, la partie est manquée et il faut recommencer de nouveau; mais si l'un des lutteurs, plus adroit, réussit à appliquer sur le cou ou les épaules de son adversaire une claque bien sonnante, alors les hommes de sa tribu font frémir l'air de leurs hurlements rauques et sauvages.

Quelquefois un lutteur habile et redouté se présente et ne peut parvenir à rencontrer d'adversaire; vainement les tambours redoublent d'ardeur pour exciter l'enthousiasme, le lutteur, sans rivaux, après avoir parcouru plusieurs fois l'arène, retourne d'un air dédaigneux reprendre ses habits, et renonce à une victoire qui n'aurait plus de prix pour lui. C'est ce qui arriva à un nègre, aux formes herculéennes, qui ne trouva personne pour résister à la force, je ne dirai pas de son bras, mais de sa jambe.

Il est vrai qu'il y a eu des exemples d'hommes tués sur la place, par un coup de talon porté à la tempe; toutefois, à la fête où j'assistai, on n'eut à déplorer aucun fâcheux accident.

On n'accorde aucun prix, aucune récompense au vainqueur, et c'est uniquement pour l'honneur que ces malheureux s'exposent-nus, en plein midi, à l'ardeur du soleil d'Afrique, et qu'ils se retirent du combat haletants et couverts de sueur et de poussière.

§ V.

Durant la lutte, les chefs de tribus se promènent en se pavanant dans leurs bournous, la tête couverte de grands chapeaux de paille pointus, à larges bords, ornés de houppes et de flocons de laine de couleur, chaussés de leurs toumacs et le yatagan à la ceinture. Dans cet équipage, ils ressemblent assez à des brigands italiens.

Les chefs se tiennent debout au milieu de l'arène, empêchant le public de voir; il paraît que c'est un privilège aristrocratique que personne ne conteste, car le parterre ne réclame pas : jadis nos marquis avaient des bancs près des coulisses de chaque côté de la scène; cet usage était ridicule, mais celui des Scheiks arabes est, de plus, fort gênant pour les spectateurs.

Pendant la lutte, je fus témoin de l'entrevue remarquable d'un chef arabe et de M. de Montauban, chef d'escadron aux Spahis. Ces messieurs ne s'étaient pas vus depuis une chaude affaire, à laquelle ils avaient pris chacun une noble part. Ils croyaient néanmoins se reconnaître, et pour s'en assurer, l'arabe s'avança vers le commandant, et lui adressant brusquement la parole : « Tu as reçu une balle dans » la tête à la Macta. » — Oui, répondit-il. — « Eh » bien ! c'est moi qui te l'ai mise. » — « Tu as eu un » cheval tué sous toi, à la Macta, lui dit à son tour » le spahi. » — Oui, fit l'arabe. — « Eh bien ! c'est » moi qui te l'ai tué. » — Après cette honorable reconnaissance, les deux braves fraternisèrent ensemble, en se donnant une large poignée de main.

Il était midi et demi, nous n'avions pris qu'une tasse de café noir à cinq heures du matin, et nos *estomacs français* commençaient à languir, lorsqu'heureusement les jeux cessèrent.

## § VI.

Nous nous rendîmes sous une tente dressée par nos amis les arabes, et là, assis par terre, les jambes croisées, nous attendîmes le déjeûner.

Une demi-heure après un arabe entra, portant une énorme gamelle en bois remplie de *couscoussou*, surmonté de quartiers de mouton bouilli ; à la droite de ce plat du milieu, on posa une large corbeille en paille tressée, contenant des raisins blancs à grosses graines ; en face, et pour tenir lieu d'eau et de vin, dans une autre corbeille, des pastèques coupées à petits morceaux. On sera peut-être bien aise de savoir ce qu'est le *couscoussou* dont je viens de prononcer le nom.

Le *couscoussou* ou *couscous* est l'aliment fondamental des repas arabes, car il remplace le pain que les habitants de l'Afrique ne connaissent pas. Les arabes le préparent eux-mêmes, il est fait avec de la farine d'orge ou de froment que les femmes indigènes obtiennent en écrasant le blé entre deux pierres plates. Elles pétrissent ensuite cette farine en une pâte ferme, qu'elles cassent à petits morceaux, et les laissent tomber sur une peau de mouton desséchée ; puis passant leurs mains trempées dans l'eau sur cette peau, elles forment ainsi de petites boulettes grosses comme des grains de plomb de lièvre.

On les laisse sécher, et elles se conservent très-long-temps.

Quand on veut employer cette grosse semouille, on la délaie quelquefois au lait et plus souvent avec du beurre fondu et du suc de mouton bouilli. Les grains ne forment point une bouillie ni une pâtée, mais ils restent tous séparés et sont seulement imbibés du liquide qui a servi à la préparation.

Si le beurre est frais, le *couscoussou* n'est pas mauvais, mais quand il est fort et sent la peau de bouc, dans laquelle on l'a préparé, il est détestable; c'est de cette dernière espèce qu'était celui qu'on nous servit à la fête [1].

On poussa le luxe culinaire jusqu'à verser une énorme gamelle de beurre fondu sur le plat en le posant sur la natte (j'ai manqué dire la nappe); ce qui ne contribua pas peu à nous en dégoûter. On y avait mêlé des graines de raisin, de manière à en faire une espèce de pouding qui, sans doute, ne valait pas celui à la *chipolata*.

Nous étions douze à table et il n'y avait que trois

---

[1] Pour préparer leur beurre, presque toujours de chèvre, ils versent leur lait dans une outre faite d'une peau de bouc, l'agitent fortement comme on ferait d'un ballon, et les parcelles de beurre s'attachent à ses parois, où elles contractent souvent un fort mauvais goût; c'est ce qui arrive souvent à l'eau et aux dattes que l'on transporte également dans des outres semblables.

cuillers, de sorte qu'il fallut bien se décider à manger comme les arabes, c'est-à-dire, avec les doigts. Chacun de nous alors attrapa un morceau de mouton bouilli, d'une main, et se mit à le déchirer à belles dents, tandis qu'il plongeait l'autre dans le plat de *couscoussou*.

Pour prendre cet aliment, on dispose la main en forme de tuile creuse, le pouce fermé autant que possible, on la plonge dans la gamelle, puis en rappelant le pouce à sa place, on mange avec plus de facilité et, littéralement, *avec les quatre doigts et le pouce*.

C'est ainsi que nous fîmes notre repas, répandant le *couscoussou* par terre de tous les côtés, et quand nous avions soif, nous prenions quelques graines de raisin ou des morceaux de pastèques pour nous désaltérer ; on apporta cependant deux ou trois bassins pleins d'eau, ce qui fut une occasion pour nous d'apprécier la délicatesse et la propreté des bédouins.

## § VII.

A peine eûmes-nous fini de déjeuner que les plats furent enlevés et servis à une vingtaine d'arabes qui les attendaient avec impatience. Ces braves gens se dépêchèrent à manger avec une certaine voracité qui me rappelait celle des chacals.

Cependant nous avions, le colonel Randon, le colonel Jussuf et moi, les mains dégoûtantes de beurre et nous les lavâmes dans un des vases pleins d'eau qu'on venait d'apporter ; nous n'avions pas même pu faire précéder notre déjeûner de cette mesure de propreté.

A peine notre ablution était-elle terminée, qu'un des arabes de la seconde table, ou plutôt de la seconde gamelle, qui, sans doute, nous épiait, s'empara avidement du baquet, y but à longs traits, le fit passer à la ronde où on le vida jusqu'à la lie, qui devait être fort *épaisse*, car nous avions fait six lieues à cheval au milieu de la chaleur et de la poussière.

Ce procédé nous parut fort peu ragoûtant, et cependant, une minute auparavant, nous mangions des morceaux de mouton qu'un arabe déchirait avec ses mains qui n'avaient point été lavées ; mais il est bon de remarquer que, mourant de faim, nous ne pouvions pas refuser les morceaux qu'on nous offrait, tandis que nos hôtes, les bédouins, auraient pu facilement boire de l'eau propre.

## § VII.

Pendant le déjeûner nous eûmes la mesure de la discrétion de ces messieurs sur le chapitre des femmes, du moins en paroles, et lorsqu'il s'agit de leurs parentes. Un des officiers voulut faire allusion à une femme arabe qu'il avait vue dans une autre circonstance, et il parlait de sa beauté. Cette conversation commençait en présence du chef de tribu, propriétaire de la tente où nous étions; mais au premier mot il se couvrit la figure de ses deux mains et sortit de sa tente.

On aurait cependant tort d'induire de ce fait que les arabes aient des mœurs très-pures; ils sont au contraire fort dépravés. Ils ont très-peu de décence dans leurs cabanes et sous leurs tentes; la présence des jeunes filles et des enfants ne les retient pas dans leurs transports amoureux; il semblerait en outre que la polygamie, en vigueur encore chez eux et dont ils usent assez largement, dût les prémunir contre un vice hideux et honteux qui n'a de nom que pour la science, et dont les sociétés gangrenées et corrompues devraient seules être affligées; cependant il est on ne peut plus répandu chez les arabes [1].

Lorsque les chefs partent pour la guerre, ils amènent avec eux ce qu'ils appellent *leur femme de campagne*; et j'entendais dire à des officiers de chasseurs qu'à l'expédition de la Macta, la femme de campagne d'un des principaux chefs de bédouins,

[1] Quelques personnes l'attribuent à la circoncision; je ne sais si cette opinion est basée sur des données positives.

dont je crois devoir taire le nom, était un bel et grand jeune homme de 18 ans. Après un semblable fait, nous pouvons nous targuer avec raison de n'être pas descendus au degré d'abjection de ces peuples.

Pendant le repas un arabe demanda 10 fr. au colonel, sous je ne sais trop quel prétexte; à une autre fête, un chef avait prié un officier de lui prêter 60 francs; nous pensâmes que c'était un moyen indirect de rentrer dans leurs déboursés.

## § IX.

Nous n'aperçûmes pas une seule femme pendant toute la fête. Il en était cependant venu quelques-unes pour préparer le *couscoussou*, mais elles restèrent constamment dans des tentes éloignées du lieu où nous nous trouvions.

Le moment du départ faillit être signalé par une collision qui aurait pu avoir des suites fâcheuses entre les arabes. Béchir, l'un des chefs, donna un coup à un bédouin étranger à sa tribu. L'homme ainsi frappé réclama près de son chef naturel qui prit fait et cause pour lui.

Alors, et en un clin-d'œil, tous les autres chefs montèrent à cheval et eurent, dans cette attitude équestre, une conférence sérieuse. En notre qualité d'invités et de spectateurs, nous attendions avec curiosité l'issue de cette affaire, qui s'arrangea heureusement sans coup férir.

Il était deux heures du soir, la fête était terminée, et les arabes s'éloignèrent, chacun de son côté, en tirant des coups de fusil dans la plaine, et allèrent se préparer pour la chasse du lendemain.

Quant aux cinq chefs, ils vinrent placer leur tente près de notre marquise; le reste de la journée fut employé à chasser au chien couchant : nous tuâmes des perdrix rouges énormes, dont la plaine et la montagne abondent, ainsi que des lapins; nous prîmes une petite tortue terrestre, et dans le marais d'Aïn-Bridia un oiseau de la famille des échassiers, qu'on prit d'abord pour un ibis noir originaire d'Égypte.

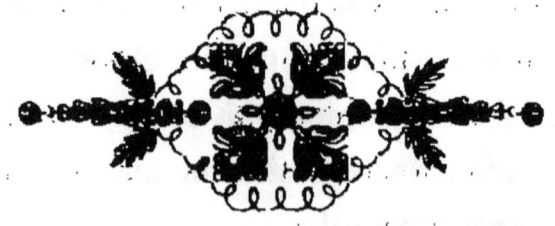

# CHAPITRE VII

UNE PARTIE DE CHASSE ARABE A ALMEDIA, PRÈS D'ORAN.

## § I<sup>er</sup>

Le rendez-vous de chasse avait été fixé près des sources d'Aïn-Bridia, et notre marquise y était dressée. La nuit venue, nous nous y retirâmes pour bivouaquer jusqu'au matin; nous avions amené avec nous un détachement de chasseurs, le colonel disposa son monde et donna la consigne comme on fait en campagne au milieu d'un pays ennemi.

Nous étions défendus, d'un côté, par une ancienne

redoute, car les français avaient déjà campé en ce lieu; de l'autre, par la tente de nos amis les arabes qui devaient chasser avec nous le lendemain ; le troisième était couvert par le ruisseau profond et le marais fangeux formé par les eaux de la fontaine; il nous fallait seulement garder le quatrième par lequel on eût pu facilement nous surprendre et nous égorger.

A sept heures on mit le couvert sur le tapis de la tente. Deux bâtons de ciguë, fichés dans la terre, servaient de flambeaux, et tous assis, les jambes croisées, autour de cette table d'une nouvelle espèce, nous fîmes un bon souper à la française avec du pain, du vin et notre gibier, ce qui nous dédommagea de notre repas du matin, et nous sembla meilleur que le *couscoussou* et les pastèques.

Le souper était à peu près fini, lorsqu'on annonça la visite d'un des chefs arabes. Il entra, salua l'assemblée de la main, et vint se placer près du colonel Randon. Après un moment de silence, il entama la conversation avec le colonel et l'engagea à faire bonne garde, dans la crainte qu'on ne vînt voler quelqu'un de nos chevaux, et il fit comprendre qu'un évènement de cette nature leur ferait d'autant plus de peine, que l'on pourrait croire leurs gens auteurs ou complices du vol. Il se fit fort de garder le côté où la tente arabe était dressée.

On attacha les chevaux à des piquets tout autour de notre marquise. Les chasseurs s'étendirent alentour de manière à la toucher de la tête, enveloppés dans leurs manteaux, leur harnachement servant de chevet et le fusil chargé, couché à côté d'eux. On plaça quatre sentinelles aux quatre points cardinaux, avec ordre de faire feu sur tout ce qui se présenterait, et on décida que chaque officier ferait à son tour une ronde-major d'une heure, pour mieux éviter les surprises.

On agita la question de savoir si l'on allumerait des feux pour écarter les lions, les panthères et les hyènes qui abondent dans ces parages : mais comme il faisait un de ces clairs-de-lune si brillants sous le ciel d'Afrique, il fut décidé que les feux ne serviraient qu'à mieux faire connaître aux arabes le point fixe que nous occupions, tandis que le clair-de-lune suffirait pour distinguer les voleurs et les bêtes féroces qui pourraient s'approcher.

## § II.

Le conseil de guerre terminé, chacun s'enveloppa dans son manteau et chercha par un doux repos à se préparer aux fatigues du lendemain. Ma couche me sembla peu moelleuse, aussi le sommeil tarda-t-il à me visiter, je sortis donc de la tente, mais je fus bien dédommagé de mon insomnie par le beau spectacle qui parut à mes yeux étonnés.

Nous étions au milieu de la plus profonde solitude, sous un ciel brillant et radieux, dont toutes les étoiles scintillaient comme autant de pierreries. La lune rayonnait d'un éclat éblouissant et qui permettait de distinguer les objets environnants presque comme en plein jour. Le silence majestueux de cette nature sauvage n'était troublé que par le pas mesuré des sentinelles, le bruit des chevaux broutant les palmiers et les cris rauques des chacals et des hyènes qui hurlaient dans le lointain.

Nos deux tentes en toile contrastaient par leur blancheur avec le sombre aspect des campagnes environnantes. Les hommes, immobiles et couverts de leurs vêtements blancs, semblaient avoir été attachés à la terre par la baguette puissante de quelque fée.

Je me promenais enveloppé dans mon manteau, car il fait toujours frais la nuit en Afrique, même pendant l'été, et je causais avec M. le commandant de Saint-Fargeau, qui habite la province d'Oran depuis plusieurs années et est parfaitement au fait de tous les usages de ces peuples.

Je remarquai, pendant cette promenade et avec un certain étonnement, que tous les arabes étaient couchés et endormis autour de leur tente, malgré la promesse faite par un des chefs, de veiller avec

soin à la garde du camp pendant la nuit ; mais mon interlocuteur m'assura que les sentinelles arabes étaient d'une vigilance extrême : « Vous voyez ces
» hommes étendus sur une seule ligne au-devant de
» la tente ; aux deux extrémités se trouvent les
» sentinelles, quand leur faction est finie, elles
» vont reprendre leurs places dans le rang ; quoique
» couchées, ces sentinelles ne s'endorment jamais,
» nous n'avons qu'à nous en approcher pour vous
» en convaincre » ; et en effet, rendus près du chef de file arabe, nous trouvâmes un bédouin l'œil ouvert et l'oreille au guet, qu'il eût été impossible de surprendre.

## § III.

Afin de profiter des lumières et de la complaisance de mon compagnon de bivouac, je lui demandai à quoi pouvait servir un si grand déploiement de surveillance, dans un lieu découvert et qui semblait inhabité.

« Il est difficile, me dit-il, de se faire une juste
» idée de la propension des arabes à voler des che-
» vaux et de leur subtilité pour les enlever. Ils trou-
» vent moyen de les dérober au milieu des camps,
» en dedans des lignes occupées par les sentinelles
» et même au-delà des postes. Pour cela faire, ils

» choisissent ordinairement une nuit obscure, se
» couchent à plat ventre et rampent en silence, tout
» doucement, de manière à ne pas éveiller l'at-
» tention.

» Si le moindre bruit se fait entendre, ils s'arrê-
» tent tout court et demeurent immobiles des heures
» entières à la même place; mais, quand tout est
» rentré dans l'ordre et le silence autour d'eux, ils
» continuent leur marche de reptiles et parviennent
» ainsi jusqu'auprès des chevaux : ils détachent
» alors le licol qui les retient au piquet, nouent au
» bout une longue corde qu'ils ont apportée, et s'en
» retournent sur le ventre exactement comme ils
» sont venus.

» Rendus hors des lignes, ils tirent à eux la corde
» doucement et par intervalle, afin d'amener le
» cheval peu à peu auprès d'eux. L'animal ainsi
» dirigé et errant de droite et de gauche, a l'air
» de s'être détaché naturellement et d'aller disputer
» la ration à ses voisins. Les cavaliers ne prennent
» pas garde à un cheval rôdant ainsi dans l'intérieur
» du camp, car il leur arrive souvent de se détacher :
» cependant il s'éloigne toujours un peu plus, le
» voici déjà hors des lignes : on songe alors à courir
» après lui pour le ramener, mais tout-à-coup le
» voleur se relève, enfourche la bête et part comme
» un trait. On tire bien quelques coups de fusil au

» hasard sur lui, mais sans pouvoir l'atteindre, et le
» cheval est perdu pour jamais.

» Plusieurs arabes ont pourtant payé leur audace
» de la vie, et ont été cloués sur le sol à coups de
» baïonnette ou percés des balles tirées à bout por-
» tant par nos sentinelles.

» Le moment le plus favorable pour leur rapine
» est celui où l'on sonne le boute-selle ; il est rare
» que dans le tumulte et la confusion qui accom-
» pagnent cette manœuvre, on ne commette quel-
» ques vols ; aussi les cavaliers ne sauraient faire,
» dans ce moment critique, trop d'attention à leurs
» chevaux. »

## § IV.

Mon interlocuteur s'apercevant de l'impression défavorable que ces récits produisaient sur mon esprit, s'empressa de la diminuer en me racontant d'autres particularités qui honorent la bonne foi et la loyauté des indigènes.

« Vous voyez sous cette tente, me dit-il, cinq
» chefs de tribus ? ces hommes, pleins de bravoure
» et de courage, nous ont fait d'abord une rude
» guerre, nous avons eu même à nous mesurer corps
» à corps avec eux, dans de terribles luttes ; mais
» depuis qu'ils ont fait alliance avec nous, et ont

» juré fidélité au drapeau français, nous comptons
» sur eux presque comme sur nos propres soldats.

» Ces arabes appartiennent aux tribus des Douairs
» et des Smélas, et obéissent au brave et honorable
» Mustapha Ben-Ismaël, qui a pour lieutenant
» Mazari, chef presqu'aussi valeureux que lui-même.
» Ces hommes se sont battus plusieurs fois dans nos
» rangs contre les cavaliers d'Abd-el-Kader, et dans
» deux circonstances, nous avons dû le salut de
» quelques escadrons à la fermeté et à la vigueur de
» résistance du vieux Mustapha, qui donna ainsi
» le temps au gros de l'armée de venir les délivrer.

» Pris individuellement, ces arabes offrent aussi
» des exemples frappants d'amitié inviolable; ils
» s'attachent quelquefois à vous, et c'est alors à la
» vie et à la mort. Vous avez remarqué ce bédouin
» qui chassait hier la perdrix avec nous, c'est mon
» ami Cadour; cet homme m'a pris tellement en
» affection, qu'il ne me quitte pour ainsi dire jamais;
» à chaque expédition à laquelle j'ai pris part, la
» première personne que j'ai rencontrée à la tête
» de mon escadron a été Cadour, qui m'attendait
» pour courir avec moi les hasards de la campagne.

» Aujourd'hui nous allons chasser ensemble comme
» nous avons fait hier. Sa tente est la mienne et
» ma maison lui appartient; il y arrive à toute
» heure du jour ou de la nuit, que j'y sois ou que je

» n'y sois pas, ça lui est fort égal. Sa compagnie
» n'est pas embarrassante, car il couche à côté de
» son cheval, sur la litière de mon écurie, et le
» jour il s'étend dans un coin de mon salon, sur
» un tapis, où il passe son temps à se gratter les
» pieds et à réciter ses prières sur les gros grains
» d'un chapelet. »

Comme je désirais quelques détails personnels sur l'ami Cadour, le commandant m'apprit entre autres choses, que cet honnête bédouin habitait sous la tente à quelques lieues d'Oran, qu'il avait un peu de fortune, consistant en troupeaux et trois femmes, dont la plus jeune âgée de 6 ans, ne l'était pas moins que les autres, malgré son extrême jeunesse, ce qui paraît moins surprenant quand on songe aux chaleurs excessives de ces brûlants climats, bien propres à hâter l'époque de la puberté.

Comme je m'étonnais que la bonne harmonie pût régner dans un ménage composé de trois femmes ayant le même rang et la même autorité, le commandant me répondit que le procédé de son ami Cadour consistait, lorsqu'elles se disputaient ou se battaient ensemble, à frapper sur la plus forte, ce qui établissait un équilibre, basé sur une espèce de gouvernement de bascule dont il se trouvait très-bien.

Cette manière d'agir, ajoutait-il, vous paraîtra peu en rapport avec les habitudes de la courtoisie française ; mais mon arabe n'aurait pas la paix sans ce moyen, et d'ailleurs ses femmes sont bien sa propriété, car, loin de recevoir une dot du beau-père, comme chez nous, il a été obligé de lui compter une somme d'argent pour les acheter ; il trouve même qu'elles lui ont coûté fort cher et paraît peu disposé à en augmenter le nombre, qui diminue d'ailleurs maintenant d'une manière sensible chez les arabes, dont plusieurs n'en ont plus qu'une ou deux.

Ce fut au milieu de ces intéressantes causeries que nous passâmes quelques heures d'une délicieuse nuit, puis nous retournâmes sous la tente, disputer notre coin de natte aux puces qui l'avaient déjà envahi¹.

## § V.

Vers les quatre heures, on songea à se préparer au départ, et ce fut le moment où les chasseurs redoublèrent de vigilance, dans la crainte qu'on n'enlevât les chevaux. On se mit à faire le café ; c'est

---

¹ Les puces et les moustiques sont une des plus grandes incommodités que l'on éprouve en Afrique ; il y a des myriades de ces insectes malfaisants. A peine nos soldats ont-ils campé dans le lieu le plus solitaire, qu'ils en sont couverts ; dans les villes, on ne s'en rend maître que par une extrême propreté, dans les camps c'est presque impossible.

toujours par une tasse de cette boisson que l'on commence la journée. Les arabes font une énorme consommation de ce breuvage, à la fois agréable et salutaire, car c'est un excellent tonique au milieu de ce pays chaud, où l'on perd beaucoup par la transpiration, et il n'a pas l'inconvénient des liqueurs fermentées et alcooliques, dont le moindre abus est toujours très-préjudiciable à la santé.

Nous attendions, la tasse à la main, nos amis les spahis de Messerguin, et bientôt nous crûmes entendre dans le lointain des cris confus, mêlés à un galop de chevaux. Il était impossible de distinguer au juste qui ça pouvait être, et dans le pays où nous nous trouvions, les surprises n'étant pas indifférentes, on donna ordre à la sentinelle de se porter en avant, et de crier qui vive? à l'approche des cavaliers.

Aucune réponse n'ayant été faite à ce premier appel, on envoya quatre hommes et un brigadier avec les armes chargées et bandées : au troisième qui vive? *France*, répondit une voix qu'on reconnut pour celle du colonel Jussuf. — Quel régiment? — *Spahis d'Oran*. — A ces mots, les trompettes sonnèrent, les cavaliers poussèrent de joyeuses clameurs, et une décharge de mousqueterie alla retentir au fond des gorges voisines; nos compagnons de chasse étaient parmi nous.

Le départ eut lieu au demi-jour ; on se ferait difficilement une idée de l'effet produit par cette cavalcade, composée de 150 personnes habillées de toutes les manières. On distinguait des costumes de toutes sortes parmi les cavaliers.

Le colonel Randon était en uniforme, sans épaulettes, et coiffé d'un immense chapeau de paille. Jussuf portait une blouse de toile ; à sa ceinture pendait un large couteau de chasse, et il avait sur la tête un chapeau pointu, de feutre gris, ombragé d'une grande plume noire, qui lui donnait un faux air de Robinson Crusoé.

On voyait des arabes, des nègres, des spahis, des chasseurs d'Afrique, et enfin, pour que l'assortiment fût complet et que rien n'y manquât, je me trouvais au milieu de cette mascarade, à cheval, en selle anglaise, en habit noir, en chapeau rond et portant des gants jaunes, dans la tenue d'un vrai fashionable. Les arabes me prirent pour le médecin de la société, le *medico*, disaient-ils en passant près de moi.

Nous formions une immense ligne, battant les buissons, poussant des cris confus pour faire lever le gibier, et cheminant par monts et par vaux, au milieu des halliers et des fondrières. A tout instant partaient des coups de fusil tirés sur les perdreaux, ce qui aurait fait prendre notre troupe pour une compagnie de tirailleurs, précédant un corps d'armée.

Cette chasse, au reste, offrait une image fidèle de la guerre des arabes : de temps en temps, la colonne se trouvait partagée en deux, et d'une montagne à l'autre, français et africains se provoquaient dans la langue du pays, se traitant de *chrétiens, fils de chrétiens, mangeurs de cochon, et d'infidèles, fils d'infidèles*, et autres injures sanglantes qu'ils se renvoient au milieu des combats, puis partant tout-à-coup, bride abattue, ils fondaient les uns sur les autres comme des oiseaux de proie, et disparaissaient bientôt derrière des mamelons, pour se montrer ensuite, de nouveau, sur d'autres crêtes de montagnes.

Nous cheminâmes ainsi, pendant deux heures, sans lever un seul sanglier (cependant ces animaux sont très-nombreux dans la contrée); mais comme les arabes n'ont pas de chiens, ils ne poursuivent que les sangliers qui déboulent à leurs pieds, et il est très-croyable que leurs cris et les coups de fusil tirés sur les perdreaux, en avaient fait partir un grand nombre.

Une timide gazelle s'était oubliée dans son gîte; elle bondit comme une balle, au milieu des chasseurs, et fut saluée de quatorze coups de fusil, je n'eus que le temps de l'entrevoir : cependant elle était blessée, mais cet animal est si leste, qu'il fut impossible de s'en emparer.

## § VI.

Peu d'instants après, le cri *alouf! alouf!* se fit entendre, et il fut beau de voir les arabes disparaître dans toutes les directions, emportés comme par une trombe ou un tourbillon, poursuivant le sanglier à outrance, et le chassant à vue, à travers les précipices, franchissant les rochers, les touffes de palmiers, de lentisques, de ciguës et de pimprenelle épineuse [1], au risque de se rompre dix fois le cou.

La bête n'était pas lancée depuis une demi-heure, que déjà épuisée de fatigue, elle tombait sous le coup de fusil d'un bédouin, qui l'avait suivie comme son ombre. Un second sanglier paya aussi bientôt après de la vie, l'honneur de s'être trouvé sur nos pas.

Les arabes les éventrèrent, et après les avoir bourrés de paille et d'herbes sèches, on les rapporta en triomphe au camp. C'est depuis notre arrivée en Afrique que les bédouins se donnent la peine d'emporter les sangliers, car la loi de Mahomet leur défend de les manger; et ils ont pour cet animal, ainsi que pour le cochon, une aversion extrême.

Après en avoir lancé quelques autres, ainsi que

---

[1] Cet arbuste qui forme de grosses touffes, se dessèche en été, et présente de toutes parts des pointes si acérées, que les chevaux frémissant d'en approcher, franchissent le buisson, et désarçonnent souvent leurs cavaliers.

quatre gazelles, que l'intrépide capitaine de Montebello poursuivit, le pistolet au poing, pendant fort long-temps, on fit un léger repas, et la chasse reprit le chemin du camp [1].

C'était le tour des français de régaler les arabes, et nous n'avions que du pain à leur offrir, aliment qu'ils préfèrent, toutefois, de beaucoup au *couscoussou*; mais le colonel Jussuf y pourvut facilement, car il connaît parfaitement les ressources que présente le pays.

[1] Chemin faisant, nous passâmes près d'une tribu composée de deux ou trois tentes, dressées au milieu d'une vingtaine de monticules en forme de pains de sucre, de 4 pieds d'élévation; je m'informai de ce que ça pouvait être, et on me répondit que c'était les greniers à blé de plusieurs tribus, que, dans le pays, on nomme des *silos*. Les arabes n'ont ni maisons, ni bâtiments de servitude pour serrer leurs denrées, et, pour y suppléer, ils creusent dans la terre de grands trous plus évasés dans le bas qu'à leur orifice, ils tapissent le fond et les parois avec des feuilles de palmier nain, et remplissent ensuite la cavité jusqu'au bord, avec de l'orge ou du blé dur. Ils ont soin d'amonceler sur l'ouverture du *silo* la terre extraite du trou, et après l'avoir disposée en forme de cône, ils la recouvrent de palmier nain, pour éloigner les eaux de pluie de l'orifice. Le blé, ainsi placé, se conserve des années entières, car il n'existe presqu'aucune humidité dans cette terre brûlée par le soleil; mais ce qu'il y a de plus étonnant, c'est qu'il suffit d'une seule famille pour garder ainsi la fortune de toute une tribu qui campe souvent à plus de 3 lieues de là, au milieu de la plaine, pour faire paître les troupeaux, et il est fort rare que les *silos* soient pillés. Ceux près desquels nous passâmes pouvaient contenir, me dit-on, pour plus de 30,000 fr. de grain. Il en existe de parfaitement construits en pierre et en briques, notamment près des ruines de l'ancienne Carthage.

## § VII.

Il envoya dans une tribu voisine acheter deux moutons vivants; les tuer et les écorcher fut l'affaire d'un moment. Après ce préliminaire, on les embrocha dans deux lances de spahis, qui furent placées sur deux pierres, et on alluma du feu par-dessous. Un arabe tournait la broche, tandis qu'un second faisait, sur l'animal, des incisions à l'aide d'un couteau, et qu'un troisième l'arrosait constamment avec un petit balais de palmier nain, attaché au bout d'un bâton, et trempé dans une grande gamelle pleine de beurre de chèvre. On alla chercher du sel au lac *Sebga*, très-voisin du camp, et dans une demi-heure le rôti fut prêt.

Pour le servir, un arabe s'empara de la lance, et la fichant en terre par un bout, retint l'autre en l'air, comme s'il eût monté la garde. Cette disposition prise, le couvert se trouva mis : les convives se placèrent autour de chaque mouton, et les uns avec leurs couteaux, les autres leurs doigts, se mirent à déchirer et à déchiqueter les moutons qui furent réduits, en peu de temps, à l'état de squelette parfait. Le rôti était cuit à point, doré, rissolé, croustillant; il fut trouvé délicieux, et j'affirme n'en avoir jamais mangé un meilleur.

Le colonel Jussuf fut donc proclamé aussi bon

cuisinier, que bon chasseur et bon guerrier. Nous mangeâmes le mouton avec des galettes molles, ressemblant à des crêpes épaisses, et que je trouvai assez bonnes.

Après le dîner, nous nous rendîmes sous notre tente pour prendre le café avec les chefs arabes, et il ne se passa rien de remarquable dans cette circonstance, si ce n'est que l'un d'eux ne cessa, pendant une demi-heure, de se frapper la plante du pied nu avec sa cuiller, en attendant que l'on servît le café.

## § VIII.

Il commençait à se faire tard; nous revînmes au camp de Messerguin, où le colonel Jussuf nous servit un dîner splendide. Les cinq chefs se mirent à table, et mangèrent à la française; je remarquai qu'ils ne burent pas de vin, et se contentèrent d'eau sucrée; un arabe avait soin, en outre, de leur indiquer les plats où il y avait de la graisse ou du jambon, et ils n'y goûtaient pas.

Toutes les volailles avaient la tête coupée, et on m'assura que, sans cette précaution, les arabes n'y auraient pas touché.

Après le dîner on servit le café dans le salon du colonel, et nous nous perdîmes bientôt de vue, dans un épais nuage de fumée de tabac. J'étais abîmé de fatigue et de veille, aussi ralliai-je bien vite mon lit.

Le colonel avait eu la bonté de me faire disposer une chambre presque coquette, et M. de Fleury, son secrétaire, qui m'en fit les honneurs, poussa l'attention jusqu'à placer sur ma table la *Revue de Paris*, le *Magasin pittoresque* et l'*Histoire de la Révolution française* par M. Thiers, mais je n'avais pas grande envie de lire avant de m'endormir.

Je reposais depuis long-temps, lorsque je fus réveillé par les doux accords de l'orgue expressif du colonel : j'entendais marcher près de moi, je pensai naturellement qu'il était 4 ou 5 heures du matin ; j'eus recours au briquet phosphorique, et je fus très-surpris de m'apercevoir qu'onze heures allaient sonner. Le colonel, pour se reposer des courses de la veille, s'était levé à 2 heures du matin, avait chassé toute la journée, couru comme un centaure, et à 11 heures du soir, au lieu de dormir, s'amusait à faire de la musique. Il faut vraiment que cet homme ait un tempérament de fer[1].

---

[1] Je crois devoir citer, à l'appui de cette assertion, une particularité bien propre à en établir l'exactitude.
Dans le courant de cet ouvrage, j'ai parlé d'une lionne que des jardiniers espagnols avaient tuée dans les environs du camp de Messerguin. Ces hommes, plus intrépides que raisonnables, pensant bien que le lion viendrait à la recherche de sa femelle, se cachèrent, au nombre de trois, dans une mauvaise cabane en planches, et attendirent

Pour les cinq chefs arabes, ils n'avaient pas donné beaucoup de peine à leur hôte, car ils reposaient sous leur tente, dressée dans un coin du camp. Je dormis le reste de la nuit tout d'un somme, et le

avec courage la venue de leur formidable ennemi. Le lion vint rôder en effet au milieu de la nuit; ils avaient eu soin de jeter au-devant de leur embuscade quelques débris de moutons, et cet animal affamé s'approcha très-près de la hutte afin de les dévorer. Les chasseurs profitant de ce moment favorable pour décharger sur lui leurs fusils de munition, lui firent une triple blessure.

Le lion, bondissant alors de rage et de fureur, s'élança sur la cabane, et se mit en devoir de la démolir. Ce devait être un horrible spectacle que de voir cet animal rugissant, ébranler, jusque dans sa base, cette chétive baraque, dont les ais mal joints et à moitié pourris craquaient sous les griffes puissantes du roi des déserts, et menaçaient de se séparer, tandis que les trois malheureux chasseurs, en proie à toutes les horreurs du désespoir, rechargeaient à la hâte leurs armes, pour se débarrasser de leur ennemi.

Heureusement qu'une nouvelle décharge vint terminer leurs angoisses. Le lion blessé de nouveau, et plus grièvement que la première fois, s'enfuit lentement vers son antre, en poussant de lugubres rugissements.

Les espagnols rentrèrent alors au camp, et s'empressèrent de porter cette nouvelle au colonel Jussuf, qui se trouvait couché. Il était alors 11 heures du soir : assister à la mort d'un lion et y participer, fut pour lui l'annonce d'une bonne fortune; aussi, pour ne pas la manquer, il saisit à la hâte son pantalon et son fusil, et, les jambes et les pieds nus, il courut bien vite, avec quelques-uns de ses officiers, et au milieu de l'obscurité la plus profonde, vers le lieu d'où partaient les rugissements. Le lion blessé se traînait avec peine, mais il opérait toujours sa retraite à travers les halliers et les fondrières, si bien que des hommes déchaussés et n'y voyant pas, ne pouvaient l'atteindre. Cependant l'espoir d'arriver jusqu'à lui soutenait le courage et l'audace des spahis, lendemain je partis avec une patrouille commandée par un brigadier nègre (!), et composée d'allemands, d'espagnols, de bédouins, dont un seul parlait français, et j'arrivai à Oran à moitié disloqué.

qui avançaient toujours, et ne l'abandonnèrent qu'après 2 heures de marche inutile.

Ils revinrent alors, les pieds tout meurtris, les jambes en sang, à travers un pays perdu, au milieu des plus épaisses ténèbres, exposés vingt fois à la mort, de la part des bédouins ou des bêtes féroces qu'ils auraient pu rencontrer, et rentrèrent au camp harassés de fatigue et épuisés de douleurs, mais enchantés de leur expédition, dont le colonel me parlait en riant, le lendemain à la revue, comme d'une partie charmante. Tels sont les jeux et les passe-temps de Jussuf et de son état-major en Afrique.

# CHAPITRE VIII

## FRAGMENTS DE LITTÉRATURE ARABE.

### § I$^{er}$

Il est peu de personnes qui aient été à même d'étudier la littérature arabe; car les manuscrits des auteurs africains n'ont point encore été traduits, et la langue dans laquelle ils ont écrit est fort difficile à apprendre. Cependant quelques officiers de l'armée d'occupation se sont livrés à cette étude, et grâce au travail d'un de ces messieurs, que je ne nommerai point, car sa traduction n'a pas été faite pour être publiée, je possède quelques fragments qu'on ne lira peut-être pas sans intérêt. Ils appartiennent à un curieux manuscrit venant de Mascara, et qui a été *illustré*, dit-on, par des dessins dus au pinceau du frère d'Abd-el-Kader.

Laissons parler le traducteur :

« Les deux histoires qui suivent sont deux para-
» boles. Le but de notre auteur, qui est Mogrebin,
» est d'exalter, d'une part, la science d'ailleurs fort
» contestable des gens du Mogreb, et de prouver,
» d'autre part, l'ignorance des gens du Guébla.

» Deux hommes entrèrent en ville, personne ne
» les y connaissait : l'un était de race blanche et
» avait un extérieur gracieux ; quiconque ne sait
» pas qui il est, est persuadé qu'il est ignorant de
» la lecture, étranger à la science, enfin, qu'il n'a
» jamais ouvert les livres.

» L'autre était de race noire : quiconque ne sait
» pas qui il est, est persuadé qu'il est ignorant de
» la lecture, que ce n'est qu'un esclave ; et cependant
» il comprend le Coran, il écrit et il lit dans la per-
» fection. Et il arriva qu'un habitant de la ville vint
» présenter le livre du prophète à l'homme blanc de
» pure race, pour qu'il lût ; et ce dernier était très-
» instruit, et cependant il dit au maître du livre :
» présente-le à mon serviteur, il te le lira, et moi je
» ne me fatiguerai pas à lire. L'habitant de la ville
» lui dit : quoi ! jusqu'à ton esclave est savant. La ré-
» ponse fut, oui ! et alors l'habitant de la ville reprit :

» Dieu soit béni, vous autres gens du Mogreb, vous
» savez tous lire dans la science et jusqu'à vos es-
» claves. Enfin, il présenta le livre à l'homme noir
» qui lui fit la lecture. »

———

« Un homme des tribus du côté de Guébla, vint
» chez nous ; il appartenait à une caste de certains
» marabouts, et nous étions en discussion religieuse,
» quand il arriva. Cet homme était âgé ; il avait
» sur lui des habits magnifiques de quoi charger un
» fort âne ; sur sa tête était un grand turban et un
» grand chapelet entre ses mains. Il se présenta à
» l'heure du Mogreb, entra, salua et répéta l'invo-
» cation à Dieu, et garda le silence. Nous ne doutions
» pas que ce ne fût un savant ; mais nous ne nous
» expliquions pas pourquoi il ne parlait pas, et nous
» convînmes entre nous que nous le ferions prier à
» l'heure de l'Achaa, pour savoir ce qu'il en était, et
» quand vint cette heure de prière, nous lui dîmes :
» lève-toi et prie sur nous, et il refusa et s'obstina ;
» mais l'un de nous insista auprès de lui par serment
» et il céda, et nous nous rangeâmes derrière lui, et
» il prononça la bénédiction, et ouvrit le 5ᵉ Chapitre
» du Coran et en écorcha les versets ; enfin, il conti-
» nua le chapitre, et c'était celui de *la puissance*, et
» il dit : nous sommes descendus dans la nuit de

» *la puissance*, et il n'a pas expliqué ce qu'est la nuit
» *de la puissance*, et il continue ainsi : et l'âme est
» en elle par la grâce de Dieu, et l'âme s'en échappe,
» et il ajouta : l'âme est en elle par la permission du
» maître de cette maison, qui les a nourris quand
» ils avaient faim, et qui les a gardés de la crainte ;
» et en entendant ces absurdités, il n'en était pas
» un d'entre nous qui ne se fût prosterné la face
» contre terre en éclatant de rire ; et l'homme du
» Guébla sortit, et jamais on ne l'a revu. »

## § II.

Le second fragment, qui n'est point un ouvrage d'imagination, tire son principal intérêt de ce qu'il se rattache à l'histoire du pays, et qu'il contient la relation d'une des plus importantes cérémonies politiques du belik d'Oran.

### CÉRÉMONIE DE L'INVESTITURE DU BEY HASSAN.[1]

« Lorsqu'Hassan, pacha d'Alger, envoya le cafetan
» d'honneur à notre maître le bey Hassan, celui-ci
» le revêtit en présence du divan et des grands du
» Marzen, comme c'est la coutume, ensuite il donna
» l'ordre qu'on fît sortir ses tentes et ses tapis, et

---

[1] Le bey Hassan exerçait le pouvoir au moment de l'occupation d'Oran par les français.

*( Note du traducteur. )*

» convoqua les troupes pour aller s'établir hors
» d'Oran, entre Raz-el-Haïn et Kergenta; lui-même
» sortit de la ville au milieu de nombreuses salves
» d'artillerie. Il trouva sa tente dressée, s'assit sur
» un fauteuil, au-dessus de sa tête on tenait un para-
» sol. Le Marzen réuni se rangea autour de lui, et des
» jeux commencèrent, qui durèrent depuis le matin
» jusqu'à midi. Alors des mets variés furent apportés
» de la maison du bey et des maisons des principaux
» de la suite; les gens de l'assemblée et ceux du
» dehors mangèrent. La réunion des savants de la
» ville arriva, elle entra dans la tente d'Hassan, cé-
» lébra en chantant ses louanges, la superbe fête qu'il
» donnait et toutes ces magnifiques réjouissances;
» elle pria Dieu pour la durée de son pouvoir, pour
» la paix, pour la bénédiction du ciel, pour une
» succession de jours heureux. Enfin, après qu'on
» eût fini de manger et de boire, le bey monta à
» cheval, et ordonna aux turcs et aux gens du Mar-
» zen, d'exécuter les passes d'armes, et la *phanta-*
» *sta* eut lieu dans le haut de la *carrière.* On y resta
» jusqu'à la fin du jour. A cet instant le bey fit
» jeter de l'argent à tout ce qui était présent et ren-
» tra en ville, c'était un jeudi, et les vers suivants
» furent faits dans cette occasion :

» ............................
» ............................ »

J'en demande bien pardon à ceux qui liront cet ouvrage, mais le traducteur n'a pas été plus loin; il est donc obligé de faire, comme Sterne, avec l'histoire du notaire dont les dernières feuilles enveloppaient le bouquet de Lafleur, c'est-à-dire, de s'en passer. Il est toutefois plus heureux encore que l'auteur du voyage sentimental, car il lui reste une dernière consolation; celle de venir consulter l'original, que je lui communiquerai bien volontiers, ou de se dédommager par la lecture de la pièce suivante, qui contient une prière et une parabole.

## § III.

« Celui qui prie sur le prophète de Dieu, que Dieu
» prie sur lui et que le salut soit sur lui. Celui qui,
» étant debout, demandera le pardon de ses fautes
» avant de s'asseoir, que Dieu prie sur lui. Celui
» qui, étant assis, demandera le pardon de ses fautes
» avant de se mettre debout, que Dieu prie sur lui.
» Celui qui, étant endormi, demandera le pardon de
» ses fautes avant de s'éveiller, que Dieu prie sur
» lui. Celui qui remplit le devoir de la prière sur
» le prophète, que Dieu prie sur lui. Une femme
» avait un fils prodigue, et elle ne cessait de lui re-
» commander le bien, et s'efforçait de le détourner

» du mal, de l'iniquité et de la corruption : Dieu
» triompha de lui et il mourut, et il était déchu à
» cause de ce qui était contre lui, et sa mère s'affligea
» sur lui d'une grande affliction de ce qu'à l'heure
» de sa mort, il n'avait pas le pardon de la péni-
» tence, et elle eut la certitude qu'elle le voyait
» dans un songe, et elle le vit, et il était frappé de
» réprobation. Le chagrin de cette mère s'en aug-
» menta sur son fils, et après un espace de temps,
» elle le vit encore, et il était au milieu des réjouis-
» sances, dans le contentement et dans la joie, et
» elle l'interrogea sur son état et elle lui dit : Oh !
» mon fils ! je t'ai vu frappé de réprobation, et tu
» ne m'as pas parlé de ce qui te concernait, de
» tout ce bien si grand. Il lui répondit : Oh ! ma
» mère ! un homme prodigue a passé dans le cime-
» tière où je suis, et il a jeté un regard sur les tom-
» beaux, et il s'est souvenu de ses prodigalités et de
» ses fautes, et il a prié sur les morts, et il a récité
» ses erreurs, et il s'est repenti sur ses péchés, et il
» s'est converti à Dieu, et il est devenu digne, de
» vil qu'il était, et il a pris des sentiments nobles,
» et il a fait le ferme propos de se corriger et de
» ne jamais retomber; et se réjouirent les anges du
» ciel de sa conversion, et Dieu fit la paix avec son
» ami, et enfin, lorsqu'il fut converti, Dieu savait
» sa sincérité et ses intentions. Il lut des versets du

» Coran, et pria sur le prophète que Dieu prie sur
» lui, et que le salut soit sur lui dix fois : enfin, il
» fit dix invocations et il offrit ses remercîments
» aux morts du cimetière dans lequel je me trouvais,
» et il répandit sur nous ses actions de grâces, et
» c'est de là qu'est descendue sur moi la part de mon
» bonheur, et Dieu m'a pardonné à cause de lui, et
» il me reste cette abondance de félicité; et apprends,
» oh ! ma mère ! que la prière sur le prophète, *que*
» *Dieu prie sur lui et que le salut soit sur lui,*
» est la lumière dans les cœurs, le pardon des fautes
» et la miséricorde sur les vivants et sur les morts. »

# CHAPITRE IX

## RETOUR EN FRANCE.

### § Ier

Mes trois premières traversées s'étaient faites avec un bonheur *malheureusement* trop constant, et par un temps toujours si magnifique, qu'il eût autant valu naviguer sur une rivière de France que sur la Méditerranée : pas le plus petit accident, la plus légère difficulté dans le voyage ; nous avions eu trois traversées d'une monotonie désespérante, pendant lesquelles chacun faisait salon sur le pont du bateau, les dames travaillant à l'aiguille, les hommes jouant au trictrac ou lisant comme au café.

Le retour en France s'annonçait sous les mêmes auspices : la première journée et la nuit avaient été superbes, nous n'avions qu'une seule femme de malade à bord. Partis le dimanche matin à 8 heures, le lendemain nous entrâmes, à la même heure, dans le port de Mahon.

Je ne puis rien dire de cette ville ; car nous n'avons pas pénétré assez avant dans le goulet pour l'apercevoir ; nous étions mouillés près du Lazaret, et la ville nous était masquée par le village de San-Carlos.

En entrant dans le port nous saluâmes, à notre gauche, le fort Mahon, titre de gloire du duc de Richelieu ; ce n'est plus qu'une ruine, mais il témoigne encore de la valeur et de la puissance de nos armes. C'est maintenant que nous sommes maîtres de l'Algérie, qu'il est regrettable de ne pas voir flotter notre pavillon sur ses tours : en effet, tout se réunit pour rendre ce point militaire indispensable à la France.

L'île Minorque, dont les habitants ne demanderaient pas mieux que de devenir français, est presque à moitié chemin de Toulon à Alger, et tout-à-fait sur la ligne ; c'est un pays pauvre et qui ne peut se suffire; aussi la moitié des habitants vont-ils habiter l'Algérie. L'île possède un des ports les plus sûrs du monde, il est extrêmement étroit et long d'une lieue; on le prendrait pour l'embouchure d'une petite rivière, mais il a un très-beau fond, et la lame n'y peuvent entrer, les bâtiments y sont à l'abri de toute espèce de dangers. Autrefois, les navires venant des Indes faisaient leur quarantaine à Mahon, c'était la fortune de l'île.

On pêche sur la côte une espèce de coquilles bivalves, appelées *nacres*, dont l'animal est fort bon à manger cru, comme on fait des huîtres.

Nous ne restâmes dans le port que le temps de prendre la correspondance du stationnaire français, et bientôt nous regagnâmes la pleine mer.

## § II.

Vers les deux heures, l'horizon qui avait paru jusque-là d'une pureté sans égale, commença à se charger de vapeurs, et comme nous entrions dans le golfe du Lion, par une saison assez avancée (le 28 octobre), le commandant nous fit pressentir un changement de temps assez prochain.

La fin de la journée fut assez belle, mais, sur

les onze heures du soir, la bourrasque vint nous assaillir : alors le tangage et le roulis commencèrent à se faire sentir d'une manière vigoureuse, et la malheureuse femme qui logeait dans la dunette, sur notre tête, fit entendre de plus forts gémissements ; à ce moment les portes battirent de tous côtés, et on fut obligé de se lever pour assujettir les tables et les chaises, et empêcher la vaisselle de se briser.

Le lendemain, vers les 8 heures, je voulus monter sur le pont, mais son aspect n'était plus le même : un seul passager s'y trouvait avec le commandant et les marins utiles pour la manœuvre ; la mer embarquait à chaque instant ; le bateau balloté comme une paume, n'avançait presque plus, car il avait toujours une de ses roues en l'air qui frappait le vide, tandis que les vagues en furie, venant se briser contre les plats bords, s'élevaient à 30 pieds de haut et retombaient sur le pont, qu'elles inondaient d'un déluge d'eau salée [1].

Le ciel était gris de fer et les nuages passaient sur nos têtes avec une rapidité effrayante ; le fracas des flots se mêlait au craquement du navire ; pour rester sur le pont, il fallait se tenir cramponné aux

---

[1] On put s'assurer de ce fait le lendemain, en voyant au sommet du tuyau la trace blanche et saline laissée par l'eau de mer, en se vaporisant à la chaleur.

manœuvres, sous peine d'être renversé et brisé contre les bastinguages.

Je fus témoin de la chute dangereuse de plusieurs marins qui, en voulant traverser le pont, tombaient et allaient rouler de babord à tribord, au risque de se rompre les os.

Tout le monde était malade de ce mal de mer que personne ne plaint, car il n'est pas ordinairement dangereux, mais qui fait horriblement souffrir. Il n'y a point de remède contre ce mal, si ce n'est de se coucher et de se serrer le ventre. Je payai bientôt moi-même le tribut : je sentis, tout-à-coup, un serrement de poitrine comme si on me l'eût prise dans un étau, et des vomissements affreux succédèrent à cette première douleur. Je me roidis cependant contre le mal, et luttai pendant une heure avec la souffrance; mais enfin il fallut céder, et je descendis m'étendre sur les divans du clavecin.

A partir de ce moment, je n'éprouvai plus qu'une faible langueur; mais toutes les fois que je me levais sur mon séant, les vomissements recommençaient. Dans toute ma journée je pris, pour nourriture, deux morceaux de sucre gros comme une noix, imbibés d'eau de fleur d'oranger.

Je restai ainsi 20 heures sans prendre aucune part active à ce qui se passait, demandant à tout moment si le temps promettait de changer : la mer frappait sur l'arrière du bateau, et entrait par les fenêtres du clavecin qui étaient cependant bien fermées.

Pendant les 26 heures que dura le coup de vent, j'entendis les hurlements continuels de la malheureuse femme logée sur la dunette avec les passagers civils, et sur la question que j'adressai au capitaine, afin de savoir s'il y avait danger pour sa vie, il me répondit qu'il pourrait bien lui arriver de se briser un vaisseau dans la poitrine, et par conséquent de mourir.

Je laisse à penser quel spectacle devait présenter la salle des passagers civils, où se trouvaient 15 personnes, hommes et femmes, vomissant de toutes parts, et soumises, en outre, sans pouvoir sortir, à toutes les nécessités de l'existence. Je n'en dirai pas davantage, j'ajouterai seulement que, sur l'avant, les matelots étaient si malades, qu'il fallait les frapper pour les obliger à monter sur le pont faire leur quart.

Sur le soir, la tempête eut l'air de vouloir redoubler de furie, et le capitaine éprouva quelque inquiétude, mais le lendemain matin nous entrâmes au jour dans le port de Toulon; j'en étais sorti un mois et demi auparavant. Nous descendîmes bientôt à terre, et tout le monde fut guéri du mal de mer, sans en excepter la dame aux longs gémissements, qui déjeuna avec un appétit d'enfer.

## § III.

Tout le monde connaît la quarantaine de M. Scribe, l'aimable vaudevilliste, celle du Lazaret de Toulon n'est pas si agréable; et si j'en dis deux mots, c'est pour en donner un aperçu à mes lecteurs, qui ne se doutent pas de ce que c'est.

Un homme en quarantaine est un vrai paria, un réprouvé, une brebis galeuse qui ne peut reparaître, au milieu du monde, qu'après avoir été guérie et purifiée par un séjour plus ou moins long au Lazaret. Ce lieu est une espèce de purgatoire, entouré de murs et fermé par des portes grillées, dans lequel on renferme les quarantenaires.

Il est défendu de s'échapper du Lazaret sous peine de mort. On y est surveillé par des geôliers nommés *gardes de santé*, qui sont des personnages importants pendant la durée de la quarantaine, à laquelle ils sont d'ailleurs soumis dès qu'ils ont communiqué avec vous; il en est d'autres qui ne font qu'apparaître dans l'enclos. Il est très-drôle de voir ces derniers fuir comme des lièvres dès qu'on les approche; ce qui n'empêche pas que si, pour rire, on leur frappe sur l'épaule, ils ne s'en aillent sans rien dire, et que, dès-lors, la quarantaine ne soit violée, ce qui a lieu tous les jours.

En arrivant au Lazaret, il faut songer à son logement. Le gouvernement donne aux passagers militaires une chambre avec un matelas, une couverture de laine et un traversin, qu'on va chercher au magasin, et le reste du mobilier vous est fourni, moyennant salaire compétent, par des fournisseurs civils, au prix du tarif. Tant pour des draps, *idem* une chaise, un balais, un pot à l'eau, un torchon, un verre et le reste à l'avenant, que vous voiturez dans votre domicile.

Là, point de domestiques ; on prend un militaire ou un gamin, s'il s'en trouve dans la quarantaine.

Il y a quelque temps, chacun mangeait seul à la manière des ours, mais à présent on a formé une table d'hôte où l'on est bien servi.

On ne communique avec le restaurant qu'au moyen d'un tour où l'on fait passer les plats, et d'abord l'argent que l'on jette dans une assiette pleine de vinaigre pour le purifier. Les lettres que vous envoyez au dehors, sont passées au parfum et au vinaigre, avant de sortir du Lazaret.

Si quelqu'un se présente pour vous voir, on le reçoit dans un parloir grillé de barres de fer, et on vous renferme dans un autre défendu par une grille à 10 pieds de distance : au milieu de l'espace intérieur, se trouve une troisième grille de fer à treillis qui le coupe en deux, de sorte qu'il est impossible de rien faire passer à travers. Vous êtes ainsi beaucoup mieux gardé que les tigres du Jardin des Plantes. Un poste de soldats placé au dehors du Lazaret, en défend l'approche ailleurs qu'à la consigne.

Ce qu'il y a de plus curieux, c'est la manière dont on entend la messe. On a pratiqué, dans un des grands enclos, une chapelle dans une chambre au premier étage; au moment de la cérémonie, on ouvre la fenêtre, les diverses quarantaines sont amenées par les *gardes de santé*, qui les empêchent de communiquer ensemble, sans quoi, la plus courte aurait autant de jours à faire ensuite que la plus longue, et on assiste ainsi à l'office en plein air; de façon qu'il est difficile de faire son salut au Lazaret sans attraper de *bons rhumes de cerveau*, surtout quand le *mistral* souffle.

C'est ainsi que j'ai passé six jours, jouant à l'écarté et buvant du punch, pour faire fuir le temps et tuer l'ennui. Pendant les loisirs de la quarantaine, j'ai pris les notes qui m'ont servi à écrire ce petit voyage; c'est au lecteur à dire maintenant si ma réclusion a été utile à quelque chose.

FIN DE LA DEUXIÈME PARTIE.

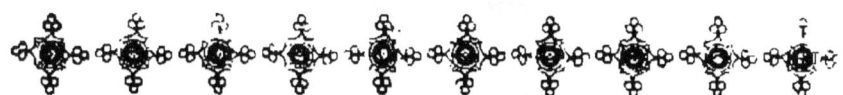

# TABLE SOMMAIRE

## DES CHAPITRES.

## PREMIÈRE PARTIE.

### CHAPITRE Ier

#### VOYAGE DE TOULON A ALGER.

SOMMAIRE.

§ Ier

Le *Fulton*. — La cabine de 6 pieds carrés. — Une nuit d'été sur mer. — Phosphorescence des flots agités. — L'île Minorque. — Les montagnes de l'Atlas. — Le phare d'Alger. — Le cap Matifou et le cap Caxine. — Vue d'Alger et de ses massifs de verdure.

## CHAPITRE II.

**COUP D'ŒIL SUR ALGER.**

SOMMAIRE.

§ I<sup>er</sup>

Les bédouins porte-faix. — Le tuyau de pipe servant de bâton. — La police. — Utilité des moustaches en Afrique. — La douane.

§ II.

La porte de la Marine. — La rue de la Marine. — La place du Gouvernement. — Maison Latour-Dupin. — La douane souterraine. — Les gamins d'Alger. — Quelques rouries. — Les rues Bab-el-Oued et Bab-Azoun. — Le palais de la Jénina.

§ III.

Intérieur de la ville moresque. — Rues étroites et tortueuses. — Passages couverts (4 pieds de largeur). — Utilité de ce genre de constructions. — Manière de voiturer les marchandises. — Effet produit par les rues d'Alger. — Rues commerçantes très-animées. — Aguarda, baleck. — Boutiques des mores et des juifs ; loyauté des premiers, friponnerie des seconds. — Ils vendent très-cher. — Les cafés mores sont des échoppes de barbiers. — On prend trois fois par jour le café à Alger. — Bizarre description du café.

§ IV.

Peu de femmes moresques dans les rues. — Les

dames ne sortent jamais. — Manière de se voiler la figure. — Attention extrême à la cacher. — Leur costume n'a pas changé depuis 1675. — Leurs terrasses pour promenades. — Elles murmurent de leur esclavage ; se cachent des français, seulement en présence des mores. — Histoire d'une jeune turque. — Les rues pleines de juives, généralement jolies. — Leur costume. — Les juifs, population ignoble, méprisée, *chiffa-ben-chiffa*. — Peuple juif tout-à-fait à part. — Les français l'ont affranchi. — Il entrave notre commerce. — Les turcs maîtres absolus avant la conquête.

## § V.

Les écoles moresques. — Les plumes arabes et manière d'écrire des mores. — Le nerf de bœuf servant de bâton de mesure. — Les écoles juives.

## § VI.

Trois cultes à Alger. — Une église catholique, ancienne mosquée. — Un tableau d'Annibal Carrache, donné par le Pape. — Les cérémonies ont lieu publiquement. — Quatre mosquées à Alger. — Leur description. — Otez vos bottes avant d'entrer. — Démolition du minaret de la mosquée, sur la place. — Allah est grand et Mahomet est son prophète. — La mosquée de Sydy-Abdéramen. — Grande dévotion d'un vrai croyant. — Sépulture des deys d'Alger. — Saint-Denis et Sydy-Abdéramen. — Le marabout s'oppose à ce que j'ouvre les manuscrits. — Il avait refusé l'entrée de la mosquée. — Un dévot arabe. — Le muézin au haut du minaret. — Les *adjys*. — Les pélerins de la Mecque. — Leur toilette.

### § VII.

La justice à la française. — La justice à la turque. — Le cadi more et le bâton. — Organisation judiciaire de l'Afrique. — Le tribunal civil d'Alger, d'Oran et de Bone, composé d'un seul juge. — Point d'inamovibilité en Afrique. — Un juge seul condamne à mort, à 5 ans de prison, sans appel ni recours en cassation. — Nécessité d'une modification. — Première organisation du tribunal de commerce d'Alger. — Le mot *banqueroutier*, synonyme de celui de *bourgeois*. — L'ordre des avocats n'existe pas. — Simples défenseurs, révocables. — Les assesseurs indigènes. — L'ordonnance du 2 août — 10 septembre 1834. — Une séance du tribunal supérieur. — La salle d'audience. — La poignée de main. — Le tribunal du cadi more. — Ce que j'en ai vu. — Les exécutions avec le yatagan. — Aly-Adjy, bourreau d'Alger, bien vu des habitants. — Les anciens supplices. — La pendaison en masse.

### § VIII.

La casba. — On en a fait une caserne. — Dévastation. — On ne sait déjà plus où fut donné le coup d'éventail. — Première entrevue du M<sup>al</sup> de Bourmont et du Dey, racontée par un témoin oculaire. — Le boudoir du Dey, occupé par un sergent. — Une belle fontaine en marbre blanc.

§ IX.

Les mœurs à Alger. — Le bal du *mésoär*. — Le carnaval des mores. — *Garagoux*.

## CHAPITRE III.

#### UN BAIN MORE A ALGER.

##### SOMMAIRE.

§ 1er

Impression que je ressentis en entrant aux bains mores. — Les baigneurs me déshabillent en un instant. — Chaleur étouffante. — L'étuve ressemble à une chapelle sépulcrale. — Tout en marbre blanc. — Après 5 minutes, je suis inondé de sueur. — Mon baigneur me fait étendre tout de mon long. — Il me pétrit comme de la pâte. — Le gant de poil de chameau. — Friction vigoureuse. — Son résultat. — Craquement des os. — Il me casse presque les reins. — Le savon de senteur. — L'ablution. — Les haïcs. — Le *refrigerium*. — Le lit de repos. — Le café et la pipe. — Fidélité à rendre les objets confiés. — Modicité du prix.

## CHAPITRE IV.

#### LE MORE DANS SON PALAIS.

##### SOMMAIRE.

§ 1er

Une maison moresque à Alger. — Mustapha-Pacha,

fils de l'ancien Dey, chevalier de la Légion-d'Honneur. — Le vestibule gardé par les esclaves. — Le vieux Mustapha s'y tient presque toujours. — Le deuxième vestibule. — Le harnachement du cheval de Mohamet. — Quatre portes à franchir.

§ II.

La cour intérieure. — Sa magnificence, toute de marbre. — Une fontaine jaillissante au milieu. — Un heureux hasard nous y fait entrer. — Quarante colonnes de marbre blanc. — L'escalier en marbre blanc. — Le balcon du premier étage. — L'appartement de Mohamet. — Riches tapis. — Divans de brocards d'or. — Ameublement de la chambre. — Pas une seule arme. — Chambre à coucher meublée seulement de coussins.

§ III.

Nos dames sont conduites près de celles de la maison. — Nous restons sur la galerie. — La petite-fille de Mohamet, âgée de 3 ans. — Son nom. — Son costume.

§ IV.

Nos dames reviennent une demi-heure après. — Ce qu'elles ont vu. — Intérieur de l'appartement des femmes. — La femme de Mohamet. — Ses deux sœurs. — Leur costume. — Un lit doré et en velours. — La collation. — Confiture à l'essence de rose. — Le café. — La table d'un pied et demi de haut. — Nos hôtes nous servent eux-mêmes. — Pas un seul domestique ne dépasse le seuil de l'appartement. — La terrasse. — Galanterie d'Omar. — Mohamet Ben-Mustapha, son frère aîné. — Sa famille a beaucoup perdu à la conquête.

## CHAPITRE V.

### UNE COURSE DANS LA PLAINE DE LA MITIDJA ET DANS LA BANLIEUE D'ALGER.

#### SOMMAIRE.

§ 1er

Les fiacres d'Alger. — Les danses des bédouins. — La route de Mustapha-Pacha. — Le fort Bab-Azoun.

§ II.

Le camp de Mustapha-Pacha. — Maisons de campagne charmantes. — Manière de voyager des femmes moresques. — Un café more.

§ III.

La commune d'Hussem-Dey. — Description d'un *noria*.

§ IV.

Le pont de l'Arrach. — La Maison-Carrée. — Le tombeau d'un brave.

§ V.

Aly-Baba. — Le marabout de Moakmeth. — Une

caravane de bédouins. — Un gendarme more. — Charge au galop sur des hadjoutes.

### § VI.

La ferme-modèle. — Les lauriers roses et le pont du Oued-el-Kerma.

### § VII.

Bensiam. — L'ouverture du *siége de Corinthe*. — Boudreba. — Le colonel de la légion étrangère. — Sa maison. — Le camp de la légion. — Une vue magnifique.

### § VIII.

La colonne Voirol. — Le fort l'*Empereur*. — Origine de son nom. — Sa prise.

### § IX.

Deux rampes magnifiques. — Un seul mur d'enceinte autour d'Alger. — L'Hôpital du Dey. — Le *fort de vingt-quatre heures*. — Le jardin et la prison des condamnés aux travaux publics.

## CHAPITRE VI.

UN VOYAGE AU CAMP DU FONDOUC, A CARRA-MUSTAPHA ET DANS L'ATLAS.

### SOMMAIRE.

### § I<sup>er</sup>

La plaine de la Mitidja. — *Dis donc, soldi*. — Les femmes d'une tribu arabe.

§ II.

Déjeûner à la porte d'une autre tribu. — La bédouine et la pièce de 10 sous.

§ III.

Arrivée près du Fondouc. — Un marché arabe. — La procession arabe.

§ IV.

Le camp du Fondouc. — Les coulouglis. — Celui de Carra-Mustapha. — Un Blockhaus. — Voyage dans l'Atlas. — Forêts incendiées. — La grande route de Constantine.

§ V.

Une tribu des montagnes. — Les femmes fuient en criant à notre approche. — Les apprêts d'une circoncision. — Les chiens des bédouins. — Dîner au camp. — Les puces. — Retour à Alger.

## CHAPITRE VII.

UN VOYAGE A BLIDA, EN DILIGENCE.

SOMMAIRE.

§ I<sup>er</sup>

La diligence. — Le départ. — Ascension sur la montagne. — La grande route. — Maisons de campagne. — L'arabe faisant ses ablutions. — Del-Ibrahim. — Les colons prétendus.

§ II.

Le village et le camp de Douera. — L'hôpital. — L'air y est très-pur. — La redoute. — La Mitidja. — Ses fièvres pestilentielles. — Difficultés du défrichement. — Le colon armé jusqu'aux dents. — *Chacals* et *Zéphirs*.

§ III.

Bouffarik, point important. — Camp superbe. — *Médina-Clausel*. — Lieu très-mal-sain. — Un tapis de verdure. — De beaux jardins. — Deux gros mûriers. — Le marché.

§ IV.

Le camp de Béni-Méret. — Ses belles eaux. — Les petits moulins. — Belida la *voluptueuse*. — L'enceinte de muraille. — Le camp de Belida supérieur. — On ne peut entrer dans la ville. — Pour quelles raisons. — *Robert-Macaire* à Alger. — La maison à deux étages. — Les arabes et nos médecins. — Superstition en fait de maladies. — Les jardins de Belida. — La porte de fer.

FIN DE LA PREMIÈRE PARTIE.

# TABLE SOMMAIRE
## DES CHAPITRES.

## DEUXIÈME PARTIE.

### CHAPITRE I<sup>er</sup>

VOYAGE D'ALGER A ORAN.

SOMMAIRE.

§ I<sup>er</sup>

Banlieue d'Alger à l'ouest. — Torre-Chica. — Baie de Sydy-Ferougj. — Le tombeau de la Chrétienne. — Pays des hadjoutes.

§ II.

Scherschel, ville arabe. — Trois minarets. — Fort.

— Aqueduc romain. — Mostaganem. — Arzew. — L'*Abuja*.

§ III.

Devant Oran. — Mers-el-Kebir. — Son fort. — Ses citernes. — Mont *del Santo*. — Pas d'eau. — Les réservoirs de la montagne.

§ IV.

Route de Mers-el-Kebir à Oran. — Plusieurs ponts pour les torrents. — Le camp du Bataillon d'Afrique. — Un tunnel sous la montagne.

§ V.

La *Grotte coquillière* d'Oran, à plus de 100 pieds au-dessus du niveau de la mer. — Le *Rocher de l'Empereur*. — La route construite par nos soldats. — Le fort de la *Mouna*.

## CHAPITRE II.

### ORAN ET SES ALENTOURS.

#### SOMMAIRE.

§ I<sup>er</sup>

Aspect de la ville du côté de la mer. — Ses rues en pente. — La montagne du *Lion*. — Le fort Sainte-Thérèse. — Le Château-Neuf. — Le quai au bas de la ville. — Point de port. — Les fruits et les légumes viennent d'Espagne. — Petites embarcations.

## § II.

Les magasins de farine. — Le moulin du gouvernement. — L'abattoir public. — Quatre parties dans la ville. — La marine. — Le quartier des espagnols. — La place Nemours. — La vieille ville espagnole détruite par le tremblement de terre de 1790.—L'église catholique. — Le colisée, aujourd'hui changé en caserne. — Inscription d'un faste ridicule.—L'hôpital d'Oran. — Le minaret sauvé. — Le général Boyer, dit *Pierre le cruel*. — Un mot sur la magnifique lampe de Mascara.

## § III.

Le ravin. — Sa fertilité. — Ses arbres. — La promenade l'Etang. — La place Kléber. — La mairie. — La caserne des gendarmes. — La ville haute. — La rue Philippe. — Un bel ormeau. — La rue et la place Napoléon. — Le quartier des Juifs. — Basse flagornerie de ce peuple.

## § IV.

Les rues d'Oran non pavées. — Oran, seconde ville de la Régence.—Population, 10,000 âmes.—Mœurs dépravées.—La vie fort chère.— Animaux du pays. — Mœurs du chacal. — Le poisson rare. — Commerce du pays. — Abd-el-Kader l'entrave.

## § V.

La plaine du *Moulin à vent*. — La Maison-Carrée. — Le quartier de la *Mosquée*. — Le *Ravin-Blanc*. — La colonisation nulle. — La villa du consul de Naples.

§ VI.

Les trois forts : la *Mouna*, le *San-Gregorio* et le *Santa-Cruz*. — La montagne du marabout. — Chemin couvert qui conduit des forts à Oran. — Sa découverte.

## CHAPITRE III.

L'ARABE SOUS SA TENTE.

SOMMAIRE.

§ I<sup>er</sup>

La tente de l'Iman de la mosquée d'Oran. — Elle est partagée en deux : d'un côté les hommes, de l'autre les animaux. — Une esclave de l'Iman. — La tente du chef. — Nous entrons dans celle des femmes, ce qui est fort difficile.

§ II.

Sa description. — Les deux femmes de l'Iman. — Les amulettes. — Incident à l'occasion d'une clef. — Un compliment est toujours compris par une femme. — Le métier à tisser le haïc. — Le petit nègre. — Le peu de cas qu'ils font des esclaves. — Arrivée de l'Iman. — Nous quittons la tente.

§ III.

Procédé des arabes pour attacher leurs chevaux. — Le fils n'entre pas dans la tente du chef de la famille. — Mahomet Ben-Béchar, Iman de la mosquée d'Oran. — Son jugement sur les généraux qui ont commandé la province. — La mère de l'Iman.

§ IV.

Les galettes sucrées. — Le café more. — Le coq blanc. — Le mouton. — Un œuf pour un *soldi*. — L'Iman vient déjeûner avec nous ; il ne boit pas de vin.

## CHAPITRE IV.

### UNE VISITE AU CAMP DE MESSERGUIN, CHEZ JUSSUF BEY.

#### SOMMAIRE.

§ 1er

Jussuf bey. — Il me reçoit dans sa tente. — Son costume.

§ II.

Messerguin, joli séjour. — Arrosé des plus belles eaux. — Visité la nuit par des bêtes féroces. — Ragoût fait d'une lionne. — J'en ai mangé. — Route d'Oran à Messerguin. — Les jardins de Mustapha, détruits par nos soldats. — Nous n'avons pas eu le temps de ravager Tlemecen. — Les français ont fait de belles choses en Afrique. — Le régiment des Spahis.

§ III.

Le déjeûner du colonel. — Ses jolies manières. — Le *café de l'état-major*. — Le *café more*. — La pipe du bey de Tunis. — Un enrôlement de bédouin dans les Spahis.

§ IV.

Description de la maison du colonel. — Son magnifique râtelier d'armes. — L'épée de Murat. — Le sabre de Napoléon. — Les pistolets de la princesse Bagration. — Un souvenir de la fille du bey de Tunis. — Une tabatière venant de Louis XV. — L'orgue expressif. — Le Colonel, musicien. — Son amour pour la France. — Une anecdote sur son compte. — Le brigadier et la houri. — Adieux que je lui ai adressés.

## CHAPITRE V.

LE LAC SEBGA. — LA CHASSE AUX PERDRIX. — LA LÉGENDE ARABE.

SOMMAIRE.

§ Ier

Le lac Sebga ou lac *salé*. — A une demi-lieue du camp. — Plein d'eau l'hiver. — A sec l'été. — Les Beniamers le traversent pour venir à Oran. — De loin il ressemble à la mer. — Procédé des arabes pour ramasser le sel. — Le lac offre une surface unie. — Son étendue. — Effets de mirage surprenants. — Il grandit démesurément les objets. — Les habitants du pays s'y trompent eux-mêmes. — Une anecdote à cet égard.

§ II.

Le palmier nain. — Ses divers usages. — Un troupeau de 200 chameaux. — La chasse aux perdrix et aux lapins.

§ III.

Une pratique superstitieuse des arabes. — La légende de Sydy-Abdérakman. — Son apparition au père d'Abd-el-Kader. — Il lui prédit sa grande fortune.

## CHAPITRE VI.

UNE FÊTE ARABE. — LES COURSES. — LE RABAT. — LE DÉJEUNER ARABE.

SOMMAIRE.

§ I<sup>er</sup>.

Départ d'Oran. — Arrivée au marabout. — Ce que c'est qu'un marabout. — La fête a lieu en son honneur. — Grande réunion d'arabes. — Ordonnance de la fête. — Courses des arabes. — Ils simulent une charge et une retraite. — Une règle des courses. — La *phantasia.*

§ II.

Arrivée brillante des spahis. — Remarque singulière à l'occasion de l'allure des arabes. — Ils ne peuvent nous suivre au trot. — Le colonel Jussuf et son beau cheval paraissent dans l'arène. — Son costume. — Le harnais de son cheval. — Exercice prodigieux fait par le colonel. — Les courses sont terribles pour les chevaux. — Les arabes n'aiment point leurs chevaux. — Un exemple à cet égard.

§ III.

La *rabat*. — Les tambours arabes. — Aspect imposant de l'arène. — Les chevaux assistent à la fête. — La police des chiaoux. — Ils argumentent avec le bâton. — Apparition d'un athlète. — Les tambours l'excitent. — Ses gambades. — Un spahi se présente pour lutter. — Vociférations des spectateurs à sa vue. — Les deux témoins de la lutte. — Leurs attributions. — On ne doit se toucher qu'avec le pied.

§ IV.

Description du *rabat*. — Une grande agilité nécessaire. — Les lutteurs se placent côte à côte. — Coup de pied sur la nuque, au moyen d'une pirouette. — Les lutteurs se mêlent, s'entrelacent et roulent dans la poussière. — Un coup bien donné. — Les témoins séparent ceux qui se saisissent. — Un lutteur renommé ne trouve pas d'adversaires. — Exemple de lutteurs tués sur place. — Je n'ai point vu d'accident.

§ V.

Singulière reconnaissance d'un commandant des spahis et d'un chef arabe. — Deux braves s'estiment toujours. — Fin des jeux, à midi et demi.

§ VI.

Le déjeûner sous la tente. — Un grand plat de *couscoussou*. — Des pastèques, au lieu d'eau et de vin. — Description du *couscoussou*. — Manière de faire le beurre. — Trois cuillers pour 12 convives. — Nous déchirons le mouton bouilli avec les dents. — Comment on mange le *couscoussou*.

§ VII.

On n'engraisse pas les arabes avec de l'eau claire. — La seconde gamelle.

§ VIII.

Extrême susceptibilité des arabes, quand on parle de leurs femmes. — Leurs mœurs n'en sont pas plus pures pour cela. — Usage dégradant des arabes. — La femme de campagne. — Ruse de certains chefs pour se procurer de l'argent.

§ IX.

Les femmes ne paraissent point à la fête. — Elles préparent les aliments à une certaine distance. — Une collision imminente. — Les arabes se retirent à 2 heures. — Nous gagnons notre tente. — Chasse des perdrix au fusil. — Une tortue. — Un ibis noir.

## CHAPITRE VII.

### UNE PARTIE DE CHASSE ARABE A ALMEDIA, PRÈS D'ORAN.

SOMMAIRE.

§ I$^{er}$

Le bivouac. — Disposition du camp. — Le souper. — Visite d'un des chefs arabes. — On n'allume pas de feux.

## § II.

Une nuit sous le ciel d'Afrique. — Les sentinelles arabes.

## § III.

Adresse des arabes à voler les chevaux.

## § IV.

Loyauté des arabes. — Mustapha Ben-Ismaël. — Mazari, son lieutenant. — Leur belle conduite. — L'ami Cadour. — Ses trois femmes, dont une à 6 ans. — Le système de bascule. — On achète les femmes en Afrique. — Les puces.

## § V.

Le réveil à 4 heures. — Arrivée des spahis. — Qui vive? *France.* — Le départ pour la chasse. — La mascarade. — La chasse et la guerre. — Une gazelle.

## § VI.

*Alouf! alouf!* — L'autopsie. — Retour au camp. — Procédé des arabes pour conserver les grains. — Les *silos*.

## § VII.

Le rôti sans pareil. — Jussuf, cuisinier. — Le café sous la tente. — Singulier passe-temps d'un arabe.

## § VIII.

Le dîner au camp de Messerguin. — Aimable hospitalité du colonel. — Particularités sur son courage et sa vigueur. — Le lion et les chasseurs espagnols. — La cabane en planches.

# CHAPITRE VIII.

### FRAGMENTS DE LITTÉRATURE ARABE.

#### SOMMAIRE.

§ I<sup>er</sup>

Le manuscrit de Mascara. — Les deux paraboles. — L'homme du Mogreb, savant. — L'homme du Guébla, ignorant.

§ II.

Fragment historique. — Cérémonie de l'investiture du bey Hassan. — Le Marzen. — Le repas. — La réunion des savants. — Sa prière. — Les passes d'armes. — La *phantasia*. — Largesses du bey.

§ III.

Une prière arabe. — Une parabole. — L'enfant prodigue. — Songe de sa mère. — L'homme prodigue. — Sa pénitence. — La bénédiction de Dieu sur le cimetière. — Pardon accordé à l'enfant prodigue. — La prière par excellence.

# CHAPITRE IX.

### RETOUR EN FRANCE.

#### SOMMAIRE.

§ I<sup>er</sup>

Temps superbe au départ. — Une seule femme

malade. — Le port de Mahon. — Le fort à l'entrée. — Mahon devrait appartenir à la France. — Le port excellent. — Quarantaine des Indes.

§ II.

A 2 heures l'horizon s'obscurcit. — A 11 heures du soir la tempête. — Un coup de vent. — Le mal de mer. — La dunette des passagers civils. — Hurlements d'une femme. — Les matelots malades. — Entrée dans le port de Toulon. — Fin du mal de mer.

§ III.

La quarantaine. — Le parloir grillé. — La chapelle du Lazaret.

FIN DE LA TABLE DES SOMMAIRES.

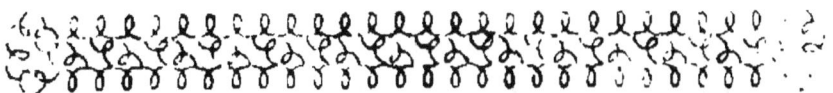

# TABLE DES CHAPITRES

CONTENUS

## DANS CET OUVRAGE.

---

### PREMIÈRE PARTIE.

| Chapit. | | Pages. |
|---|---|---|
| 1 | Voyage de Toulon à Alger.................. | 5 |
| 2 | Coup d'œil sur Alger....................... | 9 |
| 3 | Un Bain more à Alger..................... | 51 |
| 4 | Le More dans son Palais................... | 59 |
| 5 | Une Course dans la plaine de la Mitidja et dans la banlieue d'Alger............ | 72 |
| 6 | Un voyage au camp du Fondouc, à Carra-Mustapha et dans l'Atlas............ | 93 |
| 7 | Un voyage à Belida, en diligence........ | 111 |

### DEUXIÈME PARTIE.

| 1 | Voyage d'Alger à Oran.................. | 131 |
|---|---|---|
| 2 | Oran et ses alentours..................... | 142 |

| Chapit. | | Pages. |
|---|---|---|
| 3 | L'Arabe sous sa tente............................. | 160 |
| 4 | Une visite au camp de Messerguin, chez Jussuf bey............................................ | 171 |
| 5 | Le lac Sebga. — La Chasse aux perdrix. — La Légende arabe.......................... | 185 |
| 6 | Une Fête arabe. — Les Courses. — Le Rabat. — Le Déjeûner arabe.................. | 193 |
| 7 | Une partie de Chasse arabe à Almedia, près d'Oran............................................ | 215 |
| 8 | Fragments de Littérature arabe............... | 235 |
| 9 | Le retour en France................................. | 243 |
| | Table des Sommaires............................... | 253 |
| | Table des Chapitres................................. | 275 |

**FIN DE LA TABLE DES CHAPITRES.**

www.ingramcontent.com/pod-product-compliance
Lightning Source LLC
Chambersburg PA
CBHW050653170426
43200CB00008B/1278